영어말하는데 꼭 필요한

핵심동사 113개로 네이티브와 말문트기

Chris Suh

MENTORS

영어말하는데 꼭 필요한 핵심동사 113개로
네이티브와 말문트기 2권

2025년 05월 20일 인쇄
2025년 05월 27일 발행

지은이	Chris Suh
발행인	Chris Suh
발행처	**MENTORS**
	경기도 성남시 분당구 황새울로 335번길 10 598
	TEL 031-604-0025 FAX 031-696-5221
	mentors.co.kr
	blog.naver.com/mentorsbook
	*Play 스토어 및 App 스토어에서 '멘토스북' 검색해 어플다운받기!
등록일자	2005년 7월 27일
등록번호	제 2009-000027호
ISBN	979-11-94467-74-8
	979-11-94467-72-4(세트번호)
가 격	22,000원(MP3 무료다운로드)

잘못 인쇄된 책은 교환해 드립니다.
이 책에 게재된 내용의 일부 또는 전체를 무단으로 복제 및 발췌하는 것을 금합니다.
(이 책은 <기본동사표현사전 3300>의 내용을 추가한 개정증보판입니다.)

머리말

"이렇게 쉬운 동사로 영어회화가 가능할 줄 몰랐다!"

영어회화를 좀 하다보면 네이티브들은 어려운 단어보다는 아주 쉬운 단어로 특히 쉬운 동사로 화려하게 문장을 만들어내는 것을 깨닫게 되는 순간이 있다. 그래서 이렇게 쉬운 동사로 그렇게 많은 영어회화가 가능할 줄 몰랐다라는 감탄을 절로 하게 된다. 자연 쉬운 동사로 만들어지는 다양한 표현을 정리하고 싶은 생각이 들게 되는데 이는 핵심동사만 잘 활용하면 영어회화를 네이티브처럼 할 수 있다는 사실을 알았기 때문이다.

"네이티브처럼 쉽게 말하고 싶어"

네이티브처럼 말하고 싶은 우리 '욕망'을 가장 현실적으로 실현시켜 줄 '희망'은 바로 이 「핵심동사」에 있다고 해도 과언이 아니다. 왜냐면 모든 언어는 편리함을 추구하고 따라서 네이티브도 알고 보면 일상생활에서 많은 부분 핵심동사로 거의 다 해결하기 때문이다. 실제 회화에서 기본동사를 바탕으로 파생되는 표현들은 우리 예상을 훨씬 뛰어 넘는다. examine 대신 go over를, return 대신 give back을, improve 대신 get better를, reject 대신 turn down을 그리고 prove 대신 turn out을 더 많이 사용하는 등 핵심동사를 활용해 말하지 못하는 표현이 없을 정도이다. 핵심동사는 다시 말해서 영어회화의 중추적 역할을 하는 아주 핵심적인 단어들인 것이다.

"핵심동사 113개로 네이티브와 말문트기"

이책 『핵심동사 113개로 네이티브와 말문트기』는 영어회화의 기초를 닦을 뿐만 아니라 영어회화의 핵심이자 본류에 접근하는 아주 현명한 방법이 될 것이다. 이제 핵심동사를 익히고 여유있게 영어회화를 즐겨본다. 영어회화는 멀리 있지 않다. 가까운 데서 해답을 찾아야 한다. 이책이 그 해답을 찾는데 큰 보탬이 되었으면 하는 바람이다. 이책에는 메인동사로 give, take, know, let, hold, see, tell 등 18개의 동사와 finish, show, spend, worry, care, prepare 등 탈락하기 아까운 추가동사를 정리하였다. 네이티브들은 주로 핵심동사를 자유자재로 활용하면서 영어를 한다는 사실에 다시한번 감탄하면서 우리도 그들처럼 쉽게 영어를 할 수 있게 되도록 열심히 핵심동사 탐험을 시작해보도록 한다.

이 책은 무엇이 다른가~

네이티브가 이렇게 쉬운 동사로 영어회화를 하는 줄을 정말 몰랐던 핵심동사 18개와 중요기본동사 21개를 바탕으로 만들어지는 가장 많이 쓰이는 동사표현을 집중해서 모았다.

① 실제회화에서 많이 쓰이는 핵심동사들이 만들어내는 빈출 동사표현들에 마구마구 감탄한다.
② 각 동사표현 밑에 위치한 친절한 우리말 설명을 통해 동사표현의 의미와 용법을 잘 익힌다.
③ 핵심포인트를 통해 동사의 실제 응용 및 활용표현을 완전히 숙지한다.
④ 예문과 대화를 통해 표현을 이해하고 바로 이어지는 필사를 통해 표현을 완전히 암기한다.
⑤ 녹음된 MP3 파일을 홈피나 어플에서 바로 듣거나 다운로드 받아서 듣고 또 듣는다.

이 책은 어떻게 구성되었나~

네이티브가 이렇게 쉬운 동사로 영어회화를 하는 줄을 정말 몰랐던 핵심동사 18개와 중요기본동사 21개를 바탕으로 만들어지는 가장 많이 쓰이는 동사표현을 집중해서 모았다.

① **네이티브가 즐겨쓰는 핵심동사 18**
네이티브가 주로 먹고 사는 핵심기본동사 18개를 바탕으로 다양하게 실제 일상생활에서 이용되고 있는 동사표현들을 일목요연하게 정리하였다.

② **네이티브가 애용하는 중요기본동사 21**
핵심기본동사 18개 외에도 네이티브가 자주 사용하는 동사들을 선별하여 역시 실제 활용빈도수가 높은 동사표현들을 모았다.

③ **Get More**
기본엔트리 선정에서 아깝게 떨어졌지만 그래도 알아두면 영어회화하는데 도움이 될만한 표현들을 각 동사별 마지막 부분에 추가로 정리하여 영어회화 학습을 풍요롭게 하였다.

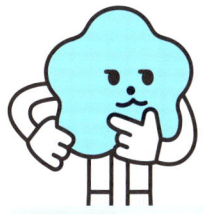

우리말 설명
동사표현의 의미와 용법을 친절하게 설명.

✅ 핵심포인트
동사표현의 실제 활용표현 및 응용표현정리.

📝 이렇게 쓰인다!
학습한 핵심동사표현들로 어떻게 영어문장을 만들어내는지 그 생생한 예문을 다양하게 모았다.

💬 이렇게 말한다!
실제 핵심동사표현들은 실제대화에서는 어떻게 쓰이는지 를 통해 영어회화학습의 이해도를 높이는 곳.

✏️ 영어문장필사해보기
외워도 잊혀지는데 보기만 줄창해서는 영어 실력이 늘지 않는다. 위에서 학습한 문장중에서 하나 혹은 두개의 우리말 문장을 영어로 옮겨보는 연습을 해본다. 기억이 나지 않으면 보고 써도 된다. 한번 써보는게 여러번 보는 것보다 더 도움이 되기 때문이다.

핵심동사 빈출동사구 엔트리 표현
네이티브가 특히 즐겨쓰는 핵심동사에서 파생되는 동사표현들. give, take, know, let, hold, see, tell, speak, talk 등의 메인동사표현들.

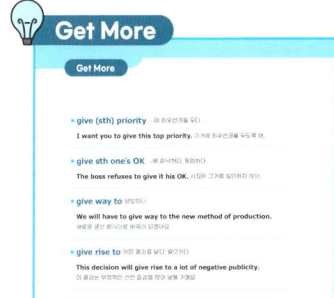

아쉽게 메인엔트리에는 채택되지 못했지만 알아두면 좋은 표현들을 추가로 정리하였다.

핵심메인동사에서 탈락했지만 역시 네이티브가 일상생활에서 애용하는 finish, show, spend, worry, care, plan, prepare 등의 동사를 추가로 정리하였다.

005

Contents

- 01 뭐든지 줘야 직성이 풀리는 **give** ······ 009
- 02 가지고 멀리 가는 **take** ······ 038
- 03 알건 다 알아 **know** ······ 083
- 04 허락해주거나 받거나 **let** ······ 108
- 05 꼬~옥 잡아줘요 **hold** ······ 127
- 06 안보고 어떻게 알아 **see** ······ 143
- 07 말하고 싶은 거 다 말해봐 **say** ······ 161
- 08 네게 말하고 싶어 **tell** ······ 184
- 09 이야기를 해봐 **speak** ······ 204
- 10 너와 톡톡튀는 대화를 나누고 싶어 **talk** ······ 215
- 11/12 모르면 물어봐야 **ask/answer** ······ 229
- 13 험한 세상, 확인하고 또 확인해야 **check** ······ 246
- 14 앉아 있지 말고 서서 일어나 **stand** ······ 259
- 15 이것저것 생각이 많은 **mind** ······ 275
- 16/17 무엇이든 찾아내고야 마는 **find/lose** ······ 292
- 18 되든 안되든 시도해보는 **try** ······ 305

More Verbs
You Should Know

01/02 finish/end 끝내다, 마치다 ⋯⋯⋯⋯⋯⋯⋯⋯⋯⋯⋯⋯⋯⋯⋯ 323

03 show 보여주다 ⋯⋯⋯⋯⋯⋯⋯⋯⋯⋯⋯⋯⋯⋯⋯⋯⋯⋯⋯ 326

04/05 save/spend 절약하다, 저축하다/소비하다 ⋯⋯⋯⋯ 329

06/07 drop/catch 떨어지다, 떨어트리다/붙잡다 ⋯⋯⋯⋯ 332

08/09 worry/care 걱정하다/좋아하다, 걱정하다 ⋯⋯⋯⋯ 335

10/11 plan/prepare 계획을 세우다/준비하다 ⋯⋯⋯⋯⋯ 338

12/13/14/15 apologize/excuse/thank/appreciate
사과하다/변명하다, 용서하다/고마워하다/감사하다 ⋯⋯ 341

16/17/18 lend/borrow/owe
빌리다/빌려주다/신세지다 ⋯⋯⋯⋯⋯⋯⋯⋯⋯⋯⋯⋯⋯⋯⋯ 344

19/20/21 ruin/risk/hurt
망치다/위험을 무릅쓰다/아프게하다 ⋯⋯⋯⋯⋯⋯⋯⋯⋯ 347

More Information : You Know What?

You Know What? : on sale과 for sale ⋯⋯⋯⋯⋯⋯ **037**
You Know What? : on Saturday와 on a Saturday ⋯ **082**
You Know What? : in과 after ⋯⋯⋯⋯⋯⋯⋯⋯⋯⋯⋯ **291**

01.
뭐든지 줘야 직성이 풀리는

Give

give는 get과 달리 단순하게 주로 「…을 주다」라는 의미로 쓰인다. 물론 get에게 많은 영역을 빼앗기긴 했지만 give sb sth의 수여동사 형태로 많이 쓰인다. 특히 두 목적어가 바뀔 때는 to를 써서 give sth to sb라고 한다는 점에 주의해야 한다. 또한 give는 give a call처럼 give 다음에 동작동사의 명사형을 목적어로 취해 다양한 숙어를 만들어 내기도 한다.

 Give 기본개념

01. (…에게) …를 주다, 수여하다
I gave Susan the necklace. 수잔에게 목걸이를 줬어.
That gives me an idea. 그러고보니 좋은 수가 떠올랐다.

02. give+동작명사 = …을 하다
Could you give me a hand? 나 좀 도와줄래?
I'll give her a chance. 걔에게 한번 기회줄거야.

03. (파티, 회의 등을) 열어주다
Let's give a party for her. 걜 위해 파티를 열어주자.
Shouldn't we give a party for him?
그를 위해 파티를 열어줘야 하지 않을까?

give sb sth
…에게 ~을 주다

give sb sth은 give의 가장 대표적인 표현. 두 개의 목적어 순서를 바꿀 때는 to를 써서 give sth to sb라고 하면 된다.

✓ 핵심포인트

| give sb sth → give sth to sb | …에게 …을 주다 |
| I'll give you a chance → I'll give a chance to you | 네게 기회를 줄게 |

📝 이렇게 쓰인다!

Your aunt gave you this shirt.
숙모가 너한테 이 셔츠를 주셨어.

Give me a Coke, please.
콜라 한 잔 주세요.

Can you give me $10 worth of gas?
10달러치 기름 주세요.

Can you give me a discount?
좀 깎아줄래요?

Can you give me a discount for paying cash?
현금 낼텐데 좀 깎아줄래요?

💬 이렇게 말한다!

A: Did you get a discount?
B: Yeah, she gave me 20% off.
A: 할인은 받았니?
B: 응, 20% 깎아줬어.

✏️ 영어문장필사해보기

• 현금 낼텐데 좀 깎아줄래요?

give my love[regards] to~ …에게 안부를 전하다

제3자에게 안부를 전하는 말을 하고 싶을 때 쓸 수 있는 표현. give 다음에 my regards, my love 등을 써서 'Give my regards to sb,' 'Give my love to sb'로 하면 된다.

✓ 핵심포인트

| give my love[regards] to sb | …에게 안부를 전하다 |

이렇게 쓰인다!

Give my love to Karen!
카렌에게 안부전해줘!

Give my best regards to him when you see him.
걜 만나면 안부 좀 전해주세요.

Make sure you give my love to Cindy.
신디에게 안부 꼭 좀 전해주세요.

Give my best to your folks.
가족들에게 안부전해주세요.

이렇게 말한다!

A: **Give my love to your mom when you see her.**
B: **Of course. I'll tell her you said hello.**
　A: 네 엄마 만나면 안부 전해줘.
　B: 물론, 네 안부 전해줄게.

영어문장필사해보기 ✎

• 신디에게 안부 꼭 좀 전해주세요.

give 003: give (sb) a call[ring, buzz] 전화하다

give 다음에 어떤 「행위」명사가 와 'give sb a(an)+명사'의 꼴로 되면 「(행위를) 해주다」, 「하다」라는 의미가 된다. 특히 이 경우엔 give sb a call(=call sb)에서 보듯 동사의 명사형이 목적어가 된다.

✓ 핵심포인트

give (sb) a ride[lift]	차를 태워주다
give (sb) a party	파티를 열다
give (sb) a hand	도와주다
give (sb) a call	전화하다
give (sb) a kiss	키스하다
give (sb) an answer	대답하다
give (sb) a raise	월급을 올려주다

📝 이렇게 쓰인다!

I'll give you a call later tonight.
오늘밤 늦게 전화할게.

If you have any questions, give me a call.
혹 물어볼 거 있으면 전화하고.

Give me a call when you get a chance.
시간나면 전화 줘.

I have got your cell phone number. I'll give you a call.
네 핸드폰 번호 있으니까 내가 전화할게.

Aren't you going to give me a kiss?
내게 키스 안 해줄거야?

Have a good day! Give me a kiss.
잘 지내고! 키스해줘.

We need to give the secretary a raise.
비서 급여를 올려줘야겠어.

Why didn't you give me an answer to my question?
왜 내 질문에 답을 하지 않았어?

I will give you an answer as soon as I get in.
들어오는 대로 답을 줄게.

Could you give me an answer by tomorrow?
내일까지 알려주시겠어요?

이렇게 말한다!

A: I'm going to work on this stuff at home tonight.
B: If you have any problems, give me a call.
    A: 오늘밤 집에서 이 일을 할거야.
    B: 문제가 생기면 나한테 전화해.

A: Aren't you going to give me a kiss?
B: Okay, I will.
    A: 키스 안해줄거야?
    B: 그래, 해줄게.

A: I can't believe they didn't give us a raise.
B: I guess we'll all be on strike tomorrow.
    A: 급여를 안올려주다니 너무하네.
    B: 낼 모두 파업해야 할 것 같아.

영어문장 필사해보기

- 오늘밤 늦게 전화할게.

- 왜 내 질문에 답을 하지 않았어?

give (sb) a hand
(…을) 도와주다

역시 앞 유형에 속하는 표현. a hand는 「일손」이란 의미로 give sb a hand하면 「…을 도와주다」라는 뜻이 된다. 도와주는 내용은 give sb a hand 다음에 ~ing나 with+명사를 붙이면 된다.

✓ 핵심포인트

Can you give me a hand (with+명사) ~?	(…을) 도와줄래?
Give me a hand (with+명사)	(…을) 도와줘
Let me give you a hand (with+명사)	(…을) 도와줄게

📝 이렇게 쓰인다!

Do you think you can give me a hand today?
오늘 저 좀 도와주실 수 있으세요?

Give me a hand with this, Tom.
탐, 이것 좀 도와줘.

Can you give me a hand with this box?
이 박스 옮기는거 도와줄래?

Give me a hand with the homework or I'm dead!
숙제 좀 도와줘 아님 나 큰일나!

💬 이렇게 말한다!

A: Could you give me a hand?
B: What do you need?
　A: 나 좀 도와줄래?
　B: 뭐가 필요한데?

영어문장필사해보기 ✏️

• 이 박스 옮기는거 도와줄래?

give (sb) a chance
(…에게) 기회를 주다

역시 같은 유형으로 give (sb) a chance하면 「…에게 기회를 주다」라는 표현으로 chance 대신 opportunity를 써도 된다. 구체적으로 기회의 내용을 언급하려면 ~chance[opportunity] to+ 동사의 형태로 사용하면 된다.

✓ 핵심포인트

give (sb) a chance[opportunity] (to+동사)	…할 기회를 주다
give (sb) one more[another] chance	기회를 한번 더 주다

📝 이렇게 쓰인다!

Won't you give me just one more chance?
내게 한 번 더 기회를 주지 않을래요?

I'll give you another chance.
한번 더 기회를 주지.

I'm going to give you an opportunity to do that.
그거 할 기회를 줄게.

You have to give me a chance to explain.
내게 설명할 기회를 줘.

💬 이렇게 말한다!

A: Bob did a poor job while working.
B: Give him a chance. He'll improve.
    A: 밥이 형편없이 일을 했어.
    B: 기회를 줘봐. 잘 할거야.

✏️ 영어문장필사해보기

• 내게 설명할 기회를 줘.

give (sb[sth]) a try
…을 시도해보다

성공 여부는 확실치 않더라도 「한번 해보다」라는 의미로 give it a try란 표현을 쓸 수 있다. 이때 try는 「시도」란 뜻으로 shot이라 해도 된다.

✓ 핵심포인트

give it a try[shot]   한번 해보다

📝 이렇게 쓰인다!

I'll give them a try.
그것들을 시도해볼게.

Why don't you give it a try right now?
지금 당장 한번 해 보는게 어때?

Give it a try[shot]!
한번 해봐!

Let's give it a try.
해보자구.

💬 이렇게 말한다!

A: My stomach is always hurting these days.
B: Give this medicine a try.
    A: 요즘 배가 항상 아파.
    B: 이 약 한번 복용해봐.

✏️ 영어문장필사해보기

• 지금 당장 한번 해 보는게 어때?

give (sb) a ride
…을 태워주다

give (sb) a ride는 차로 다른 사람을 태워준다는 의미로 a ride 대신 a lift라 해도 된다. 또한 give 대신 get을 쓰면 얻어타다라는 뜻이 되고 offer를 쓰면 태워주겠다는 제안을 뜻한다.

✓ 핵심포인트

give (sb) a ride (home/to+장소)	(집에/…에) 차로 데려다 주다
get a ride (with sb to+장소)	(…까지 누구의) 차를 얻어 타다
take sb for a ride	…을 데려가 드라이브시켜주다
go for a ride	드라이브하다

📝 이렇게 쓰인다!

How about I give you a ride home?
내가 집에까지 데려다 줄까?

I'll give you a ride on my way home.
집에 가는 길에 태워다 줄게.

Do you think you could give me a ride home?
집까지 좀 태워다 줄 수 있어?

Can I get a ride with you to the hospital?
병원까지 네 차 좀 타고 가도 돼?

Do you want a ride?
태워다 줄까?

Where are you going? I need a ride.
어디 가? 차 좀 얻어타야 돼.

Need a ride? Get in. I'll drop you off wherever you want.
태워다 줄까? 타. 원하는 곳 어디든 내려다줄게.

Do you want to go for a ride in my Porsche?
내 포르셰로 드라이브 시켜줄까?

💬 이렇게 말한다!

A: How did they get to the theater?
B: Rob gave them a ride in his car.
　　A: 그들이 어떻게 극장에 갔어?　B: 롭이 자기 차로 데려갔대.

give sb[sth] a break
좀 봐줘, 그만 좀 해

a break는 뭔가 하다가 잠시 쉬거나 멈추는 것을 말하는 것으로 give ~ a break하게 되면 말도 안되는 소리나 행동을 하는 사람에게 「그만 좀 해라」 혹은 「좀 사정 좀 봐줘라」 등의 의미로 회화빈출 표현이다.

✓ 핵심포인트

give sb a break   1. 그만 좀 해 2. 좀 봐줘
Give me a break = Give it a break = Give it a rest   그만 좀 해

📝 이렇게 쓰인다!

Give me a break.
좀 봐줘요, 그만 좀 해라.

Give me a break. I haven't done this before.
좀 봐줘요. 이런 적 처음이잖아요.

Oh, give me a break. I had only 10 minutes to prepare for this.
좀 봐줘요. 이거 준비하는데 겨우 10분 밖에 없었어요.

Give it a break[rest]!
그만 좀 하지 그래!

You have to give it a rest.
그만 좀 해야지.

💬 이렇게 말한다!

A: Can I see your license please?
B: Please give me a break.
    A: 면허증 좀 봅시다.
    B: 한번만 봐주세요.

✏️ 영어문장필사해보기

• 좀 봐줘요. 이런 적 처음이잖아요.

give (sb) one's word
(…에게) 약속하다

give sb one's word는 「약속하다」란 뜻으로 주로 I give you my word(내 약속하지)의 형태로 쓴다. 다시 말해 I'll promise you와 같은 뜻. 약속한 말을 받아 믿어보는 건 take one's word라고 한다.

✓ 핵심포인트
I will give you my word (that S+V)   (…을) 내 약속할게

📋 이렇게 쓰인다!

I will give you my word I'll do what I can.
내 약속하는데 내 할 수 있는 건 할게.

I will give you my word I will not touch her.
내 약속하는데 걜 만지지 않을게.

Can you give me your word that Jack can be trusted?
잭이 믿을 만하다고 약속할 수 있어?

💬 이렇게 말한다!

A: Do you think Ralph finished the report?
B: He gave me his word it would be completed.
 A: 랄프가 보고서를 끝냈다고 생각해?
 B: 그가 끝낼거라고 내게 약속했어.

✏️ 영어문장필사해보기

• 내 약속하는데 내 할 수 있는 건 할게.

give 010

give sb a hard time
…을 힘들게 하다, …을 못살게 굴다

말 그대로 「…에게 어려운 시기(hard time)를 주는」 것으로 「…을 힘들게 하거나 못살게 구는」 것을 말한다. 스스로를 힘들게 하는 give oneself a hard time은 「자책하다」라는 뜻.

✓ 핵심포인트

give sb a hard time	…을 힘들게 하다
give oneself a hard time	자책하다

📝 이렇게 쓰인다!

Please don't give me a hard time.
나를 곤란하게 하지 마세요.

Why did you give me such a hard time?
왜 날 그렇게 힘들게 한거야?

Don't give yourself too hard a time.
너무 자책하지마.

I guess you like to give me a hard time.
넌 날 괴롭히는 것을 좋아하는 것 같아.

💬 이렇게 말한다!

A: Your clothes are really ugly today.
B: Come on, don't give me a hard time.

A: 네 옷은 오늘 진짜 흉하다.
B: 무슨 소리야. 괴롭히지마.

✏️ 영어문장필사해보기

• 왜 날 그렇게 힘들게 한거야?

give sth some thought
…을 좀 생각해보다

역시 give A B의 표현법으로 어떤 문제에 생각을 좀 해본다라고 할 때 쓸 수 있는 표현이다. "내가 그거 좀 생각해봤는데"라고 할 때의 I've been giving[I've given] it some thought가 대표적인 예이다.

✓ 핵심포인트
I've given it some thought and I think~   좀 생각해봤는데 …라 생각해

이렇게 쓰인다!

Maybe you should give it some thought.
넌 그거에 대해 생각 좀 해봐야 될지 몰라.

You should give it some thought.
그거 생각 좀 해봐.

I'll give it some thought.
그거 생각 좀 해볼게.

I've been giving it some thought. I think it'd be best for me to leave.
생각 좀 해봤는데. 내가 떠나는게 최선인 것 같아.

이렇게 말한다!

A: I can offer you a job in London.
B: I must give it some thought before I take it.
    A: 자네에게 런던에 일자리를 제안할 수 있네.
    B: 제가 받아들이기 전에 좀 생각해보아야 합니다.

영어문장필사해보기 ✎

• 넌 그거에 대해 생각 좀 해봐야 될지 몰라.

give sb some time
…에게 시간을 좀 주다

「…에게 시간을 주다」라는 표현으로 그냥 막연한 시간인 some time, more time, 혹은 구체적으로 a few week, a month 등이 올 수도 있다. 시간이 필요한 이유를 말하려면 시간 다음에 to+동사 형태로 써주면 된다.

✓ 핵심포인트

give sb some time	…에게 시간을 좀 주다
give sb time to+V	…에게 …할 시간을 주다

📝 이렇게 쓰인다!

Give me more time. I'm not a miracle worker.
시간 좀 더 줘. 난 기적을 행하는 사람이 아니야.

I just need you to give me some time.
내게 시간을 좀 더 줘.

You're just going to have to give me some time to think about it.
그거 생각할 시간을 좀 더 줘야 될거야.

You've got to give me a few more minutes.
시간을 좀 더 줘야 돼.

💬 이렇게 말한다!

A: I haven't heard from Annie in a few days.
B: **Give her some time** to send you an e-mail.
  A: 며칠간 애니한테 소식 못들었어.
  B: 걔에게 이메일 보낼 시간을 조금 줘봐.

✏️ 영어문장필사해보기

• 그거 생각할 시간을 좀 더 줘야 될거야.

not give a damn
상관하지 않다

슬랭으로 not give a damn[shit, fuck]하면 「…에 전혀 신경쓰지 않다」는 표현. 단어가 단어인 만큼 함부로 써서는 안된다. I don't give a damn[shit, fuck] 담에 about~/의문사 S+V 형태로 신경안쓰는 것을 말할 수 있다.

✓ 핵심포인트

not give a damn[shit] about[what~] I don't give a damn[shit]	…에 관해 신경쓰지 않다, …을 신경안쓰다 내 알바 아냐

이렇게 쓰인다!

You don't give a damn about me!
넌 내 생각은 하지도 않는구나!

I don't give a shit what they think.
난 걔네들이 무슨 생각하던 상관없어.

I don't give a damn who slept with your wife.
누가 네 마누라하고 잤는지 난 알바 아냐.

I don't give a damn what the boss says.
상사가 뭐라하든 난 신경안써.

이렇게 말한다!

A: I quit. I don't give a damn about this company.
B: But you need a job to pay your bills.

　　A: 난 회사 그만둬. 회사는 알바 아냐.
　　B: 그래도 청구서 돈을 내려면 직업이 필요하잖아.

영어문장필사해보기 ✎

• 상사가 뭐라하든 난 신경안써.

Don't give me that!
그런 말마!, 정말 시치미떼지마!

말도 안되는 설명이나 핑계를 대는 상대방에게 하는 말로 「그런 말마라!」라는 의미. 상대방의 설명이나 변명을 믿지 못할 때 사용하면 된다. 또한 Give me that! 하면 "그거 내놔!"라는 의미.

✓ 핵심포인트

Don't give me that face[look]	그런 얼굴[표정] 짓지 말라
I'll give you that	네 말이 맞아

📖 이렇게 쓰인다!

Don't give me that. I know all the details.
그런 말마. 속속들이 다 알고 있다고.

Don't give me that look. It's written all over your face.
그런 표정짓지마. 네 얼굴에 다 쓰여있다고.

She's so sexy. I'll give you that.
걘 정말 섹시해. 네 말이 맞아.

Don't give me that look. It wasn't my fault.
그런 표정 짓지마. 내 잘못이 아녔어.

💬 이렇게 말한다!

A: Wendy was too full to eat your food.
B: **Don't give me that.** She hates my cooking.

    A: 웬디는 넘 배불러 네 음식을 먹을 수 없었어.
    B: 그런 말 하지마. 그녀는 내 요리를 싫어해.

✏️ 영어문장필사해보기

- 그런 표정짓지마. 네 얼굴에 다 쓰여있다고.

give it to sb straight
단도직입적으로 말하다

give it to sb straight는 「…에게 단도직입적으로 말하다」라는 뜻. 하지만 straight없이 give it to sb하면 속어로 「…을 혼내다」 혹은 「섹스하다」가 된다. 하지만 가장 많이 쓰이는 give it to sb는 앞서 배운 give sth to sb가 쓰인 경우로 「…에게 …을 주다」라는 의미이다.

✓ 핵심포인트

give it to sb straight	단도직입적으로 말하다
give it to~	…을 혼내다, 섹스하다
give it to sb	…에게 그것을 주다

📒 이렇게 쓰인다!

Give it to me straight.
솔직하게 말해줘.

They really gave it to me at the meeting!
회의에서 그들은 날 정말 호되게 질책하더라구!

Give it to someone else. I don't want it.
다른 사람에 줘. 난 필요없어.

Mike gave it to me as a gift.
마이크가 선물로 내게 그걸 줬어.

💬 이렇게 말한다!

A: **How can I break up with my boyfriend?**
B: **Be honest with him. Give it to him straight.**

　A: 내 남친과 어떻게 헤어지지?
　B: 솔직해지라고. 단도직입적으로 말해.

영어문장필사해보기 ✏️

• 회의에서 그들은 날 정말 호되게 질책하더라구!

01. 뭐든지 줘야 직성이 풀리는 Give

I'd give anything to[for]~

…위해서라면 무엇이든 하겠어, 기필코 …하고 말거야

I'd는 I would의 축약으로 가정법 표현이다. to[for] 이하가 일종의 조건으로 「…을 할 수 있다면 난 뭐라도 주겠다」라는 의미. anything 대신에 소중한 my right arm 등을 써도 된다.

✓ 핵심포인트

I'd give anything to[for~]	기필코 …하다
I'd give my right arm[the world] to[for~]	…하는데 뭐든지 다하다

📝 이렇게 쓰인다!

I'd give anything to have her back.
걔를 되찾을 수 있다면 무엇이든 하겠어.

I'd give anything to be with you again.
다시 너랑 있을 수 있다면 뭐든지 하겠어.

I'd give the world to go out with Jane.
무슨 일이 있어도 제인과 데이트하고 싶어.

I'd give my right arm to see my family again.
우리 가족을 다시 만날 수 있다면 무슨 짓이라도 하겠어.

💬 이렇게 말한다!

A: **You look so sad today.**
B: **I'd give anything to** be with my girlfriend.

    A: 너는 오늘 무척 슬퍼 보이는군.
    B: 내 여친과 함께 할 수 있다면 무엇이든 하겠어.

✏️ 영어문장필사해보기

• 걔를 되찾을 수 있다면 무엇이든 하겠어.

give or take+시간[수량]
대략, 약

시간[수량]이 정확하지 않다는 것을 말하는 것으로 "~give or take+일부시간[수량]"이라고 말하면 된다. 앞서 말한 시간[수량] 등에서 시간[수량]을 일부 더하거나(give) 혹은 빼거나(take)라는 의미. or 대신 and를 쓰면 그 유명한 주고받는다는, 즉 타협, 협조라는 의미의 give and take가 된다.

✅ 핵심포인트

give or take	대략, 약
give and take	타협, 협조

📝 이렇게 쓰인다!

He is three feet tall, give or take an inch.
걔 키는 약 3피트야.

I have been waiting here for two hours, give or take 5 minutes.
대략 2시간 여기서 기다렸어.

I don't know. Six hours, give or take a few minutes.
몰라. 대략 6시간 정도야.

💬 이렇게 말한다!

A: I think we'll arrive at 9:30, give or take a few minutes.
B: I'll be very happy to get off this airplane.

A: 대략 9시 30분 경에 도착할 것 같아.
B: 이 비행기에서 내리면 아주 기분 좋을거야.

✏️ 영어문장필사해보기

- 대략 2시간 여기서 기다렸어.

give birth to
…을 낳다

아이를 낳거나 어떤 문제를 야기했다는 의미로 쓰이는 것으로 give birth to sb처럼 to 다음에 자기가 낳은 아이를 넣으면 된다.

✓ 핵심포인트

give birth to	(아이)를 낳다, 야기하다
She gave birth to you	그분이 널 낳으셨어

📝 이렇게 쓰인다!

You and Jill will give birth to a very smart baby.
너와 질은 영리한 애를 낳을거야.

His wife recently gave birth to a beautiful baby daughter.
걔 아내는 최근에 예쁜 딸을 낳았어.

You think it's easy giving birth to seven children?
일곱 애를 낳는게 쉬운 일이라고 생각해?

I just gave birth to three children.
내가 세 쌍둥이를 낳았어.

💬 이렇게 말한다!

A: Gina gave birth to twins last Saturday.
B: Her husband must be so happy!

A: 지나가 지난 토요일 쌍둥이를 낳았어.
B: 남편이 무척 행복하겠네!

✏️ 영어문장필사해보기

• 걔 아내는 최근에 예쁜 딸을 낳았어.

give away
거저주다, 기증하다, 비밀을 말하다

돈을 받지 않고 그냥 줘버린다는 것으로 「기증하다」, 혹은 「기회 등을 놓치다」 등의 의미를 갖는다. 또한 어떤 비밀[비결]을 누설하는 것을 말하기도 한다. 참고로 giveaway는 명사로 공짜로 주는 경품 등을 뜻한다.

✓ 핵심포인트

give away	줘버리다, 기부하다, 비밀을 말하다
giveaway	공짜 경품

📝 이렇게 쓰인다!

I don't want it and I'm going to give it away.
난 그게 필요없어서 줘버릴거야.

Oh, come to think of it, maybe we don't have that much to give away.
생각해보니, 우리가 줄게 별로 없는 것 같아.

Don't give away your thoughts so easily.
그렇게 쉽게 네 생각을 말하지마.

This is mine. I don't want to give it away.
이건 내꺼야. 난 주지 않을거야.

💬 이렇게 말한다!

A: **What will you do with the items in your apartment?**
B: **I'll give away most of them to my friends.**
   A: 네 아파트 물건들 어떡할래?
   B: 대부분 내 친구들에게 줘버릴거야.

✏️ 영어문장필사해보기

- 그렇게 쉽게 네 생각을 말하지마.

give back
되돌려주다

원래의 주인에게 「되돌려주다」(return)라는 의미. 특히 give me back sth(내게 …을 돌려주다), give you back sth(네게 …을 돌려주다) 형태가 쓰인다.

✓ 핵심포인트

give me back sth	내게 …을 돌려주다
give you back sth	네게 …을 돌려주다

이렇게 쓰인다!

Give back the money you owe me.
내게 줄 돈 돌려줘.

You **give me back** my sweater.
내 스웨터 돌려줘.

Give me back the dress.
드레스 돌려줘.

I came to **give you back** your stuff.
네 물건 돌려주러 왔어.

이렇게 말한다!

A: John is going to **give back** the money he took.
B: He shouldn't have taken it in the first place.

    A: 존은 받은 돈을 갚을거야.
    B: 그는 처음부터 그 돈을 빌리지 말았어야 해.

영어문장필사해보기 ✏

• 내게 줄 돈 돌려줘.

give in (to)

(반대하던 걸) 받아들이다, …에 따르다, 항복하다, 제출하다(hand in)

처음에 반대하던 걸 다른 사람의 설득 등으로 받아들이는 것을 뜻하는 표현. 만약 싸우는 상황 하에서라면 항복하는 것을 말한다. 또한 hand in처럼 「…을 제출하다」고 할 때도 give in이 쓰인다.

✓ 핵심포인트

give in	항복하다, 받아들이다
give in to sth	…에 따르다, 받아들이다

📓 이렇게 쓰인다!

You're going to give in eventually.
너도 결국에는 받아들일거야.

I am not going to give in to this.
난 이거에 따르지 않을거야.

We gave in to our basic instincts.
우리는 원초적 본능에 따랐다.

She will not give in to the idea that she will never get married.
걘 자기가 결코 결혼하지 않으리라는 생각을 받아들이지 않을 것이다.

💬 이렇게 말한다!

A: Why are you going on a date with Tim?
B: He asked me so many times that I had to give in.

A: 왜 팀하고 데이트를 하냐?
B: 너무 여러 차례 요구해서 받아줘야했어.

✏️ 영어문장필사해보기

• 우리는 원초적 본능에 따랐다.

give 022

give off sth
(냄새, 빛, 소음 등을) 발하다

냄새, 빛, 열, 소리 등이 난다라는 의미. 냄새나 빛 등을 발산하는 것이라면 사람이든 사물이든 주어로 나올 수 있다.

✓ 핵심포인트
give off sth …을 발하다

📓 이렇게 쓰인다!

A woman gives off a certain scent when she breathes.
여자는 숨 쉴 때 특정한 향을 발한다.

The flowers gave off a nice smell.
꽃은 좋은 향기를 내뿜는다.

The bathroom was giving off a terrible stink.
화장실은 지독한 악취가 났다.

Your food is giving off a delicious aroma.
네 음식은 맛난 향이 나.

💬 이렇게 말한다!

A: What is that terrible smell?
B: That factory is giving off a strong odor.
　A: 저 끔찍한 냄새는 뭐야?
　B: 저 공장에서 강한 악취가 나고 있어.

✏️ 영어문장필사해보기

• 꽃은 좋은 향기를 내뿜는다.

give sth over
…에게 …을 내주다, 넘겨주다

give sth over (to sb)는 「…에게 …을 건네주다」라는 뜻으로 hand over와 같은 의미의 표현이다. 참고로 give oneself over는 「…에 몰두하거나 굴복하는」 것을 뜻한다.

✓ 핵심포인트

give sth over to sb	…에게 …을 건네주다(hand over)
give oneself over sth	…에 몰두하다
be given over to sth	…의 특별한 목적으로 사용되다

📝 이렇게 쓰인다!

I'll give the money over to Charles.
찰스에게 돈을 건네줄게.

Give it over to your mother.
네 엄마에게 가져다드려라.

Why don't you give this book over to Tom?
이 책을 탐에게 건네줘라.

He regrets that he gave himself over to gambling in his youth.
걘 젊은 시절 도박에 몰두한 것을 후회하고 있어.

💬 이렇게 말한다!

A: Where did your new computer go?
B: I had to give it over to my brother.
   A: 네 새로운 컴퓨터는 어디로 갔니?
   B: 내 동생에게 넘겨야만 했어.

✏️ 영어문장필사해보기

- 이 책을 탐에게 건네줘라.

give out
024
배포하다, 발표하다, 고장나다

가장 일반적인 뜻은 「…에게 …을 배포하다」(distribute)란 의미이다. 그리고 사물이 주어로 나와 Sth+give out~하게 되면 기계 혹은 우리의 신체기능이 다해 「작동을 멈추는」(stop working) 것, 즉 「고장나다」(break down)란 의미.

give sth out (to~) (…에게) …를 나누어주다, 배포하다
Sth gives out …이 다 닳다, 망가지다

We can give out one to everyone who comes into the store.
우리 가게에 오는 사람들에게 모두 한개씩 나눠주면 되죠.

The hospital won't give out any information.
병원은 어떠한 정보도 발표하지 않을 겁니다.

The tire gave out and completely exploded.
타이어가 다 닳아서 완전히 터졌어.

We're not supposed to give out information on members.
우리는 회원정보를 내주지 않기로 되어 있어.

이렇게 말한다!

A: There're a lot of ways to celebrate Christmas.
B: Many people give out Christmas presents.
  A: 성탄절 기념방법은 여러가지야.
  B: 많은 사람들은 크리스마스 선물을 나누어.

영어문장필사해보기

• 병원은 어떠한 정보도 발표하지 않을 겁니다

give up
포기하다

포기하거나 그만둔다는 의미로 give up 단독으로 쓰이거나 혹은 포기하는 것을 구체적으로 말하려면 give sth up 혹은 give up sth이라고 한다. 그리고 어떤 행위를 그만둔다고 할 때는 give up ~ing라 하면 된다.

✓ 핵심포인트

give up (sth) (…을) 포기하다
give up ~ing …하는 것을 그만두다

📒 이렇게 쓰인다!

It's not impossible. Don't give up yet.
그건 불가능하지 않아. 아직 포기하지마.

I won't give up without a fight.
순순히 물러나진 않을거야.

Don't give up too easily.
너무 쉽게 포기하지마.

I gave up smoking for my health.
건강을 위해 담배를 끊었어.

💬 이렇게 말한다!

A: You mean, I should never give up?
B: Exactly! Get out there and try again.
　A: 네 말은 포기하면 안 된다는 거지?
　B: 바로 그거야! 가서 다시 한 번 해봐.

✏️ 영어문장필사해보기

- 그건 불가능하지 않아. 아직 포기하지마.

Get More

- **give (sth) priority** …에 최우선권을 두다

  I want you to give this top priority. 이거에 최우선권을 두도록 해.

- **give sth one's OK** …에 승낙하다, 동의하다

  The boss refuses to give it his OK. 사장은 그거를 승인하지 않아.

- **give way to** 양보하다

  We will have to give way to the new method of production.
  새로운 생산 방식으로 바꿔야 되겠어요.

- **give rise to** 어떤 결과를 낳다, 일으키다

  This decision will give rise to a lot of negative publicity.
  이 결과는 부정적인 선전 효과를 많이 낳을 거예요.

- **What gives?** 어떻게 된거야?(What happened?, What's wrong?)

  What gives with that new contract they offered us?
  그들이 제안했던 그 새 계약은 어떻게 된거죠?
  Hey, what gives? 이봐, 왜 그래?

- **give ~ pleasure[trouble]** …에게 기쁨[고통]을 주다

  It gives me great pleasure to introduce Mr. Carter.
  카터 씨를 소개하게 되어 무척 기뻐요.

- **give oneself a treat** …의 일에 몰두하다, 즐겨보다

  I think I'm going to give myself a treat! 큰 맘 먹고 한번 즐겨볼까 해!

Don't give it a second[another] thought 걱정하지마
Give me five! 손뼉을 마주 치자!

Don't give an inch! 한치도 양보하지 마라!
Give me a bite! I'm starving. 한 입만! 배고파 죽겠단 말야.
I can't give specifics. 세세하게 설명하고 싶지 않아.

 You Know What? : on sale과 for sale

on sale은 상품이 「저렴한 가격으로 판매되는」 것(a special promotion of merchandise offered at lowered prices)을 뜻하는 표현으로, 우리가 흔히 "백화점에서 세일한다"고 할 때의 그 "세일"이 바로 이것이다. 이에 비해 for sale은 저렴한 가격이든 아니든 「팔려고 내놓은」(available for purchase) 물건이라는 의미를 나타내는 표현. 행사 등에서 무료로 나눠주는 샘플에 "not for sale"이라고 쓰여있는 것은 「비매품」을 뜻한다.

02.
가지고 멀리 가는

Take

뭔가 잡거나 혹은 다른 곳으로 뭔가를 가지고 간다라는 뜻을 갖는 take는 뭔가 가지고 이리로 온다라는 뜻의 bring과 대조되는 동사로 종종 설명된다. 먼저 뭔가 잡는다는 뜻에서 선택하다, 받아들이다라는 뜻이 파생되고 가지고 간다라고 할 때 그 목적지를 말할 때는 부사나 to+장소명사를 써주면 된다. 또한 give처럼 동작동사의 명사형을 목적어로 받아 다양한 숙어를 양산한다는 걸 알아둔다.

 Take 기본개념

01. 잡다, 획득하다, 선택하다, 받아들이다
She took my arm. 걘 내 팔을 잡았어.
I'll take this one. 이걸로 할게요.

02. 데리고 가다, 가져가다(take~ to~)
I'm just taking my carry-on. 비행기에 들고 탈 짐밖에 없습니다.
I'll take it to my grave. 무덤까지 가져갈게.

03. (시간, 돈, 노력 등이) 걸리다, 필요하다
It took me 5 hours to get here. 여기 오는데 5시간 걸렸어.
It will take about one week to get the job done.
그 일을 끝내는데 약 일주일 걸릴거야.

04. take+동작명사 …하다
Are you going to take a shower right now? 지금 바로 샤워할거야?
Why don't you take a walk with me? 나랑 산책하자.

take

받아들이다(accept), 선택하다(choose)

자기 앞에 놓인 것들 중에서 하나를 잡는다는 의미. 상점에서 뭔가 최종 선택할 때 혹은 상대방의 충고를 받아들일 때(take sb's advice), 직장을 결정할 때(take the job) 등에 쓸 수 있는 표현이다.

✓ 핵심포인트

take sb's advice	…의 충고를 받아들이다
take the job	일[직장]을 잡다

📓 이렇게 쓰인다!

I'll take it.
그걸로 할게요.

Please take anything you like from the dessert tray.
디저트 아무거나 원하는거 고르세요.

Whichever way you take, you will find yourself in front of the station.
어느 쪽으로 가던지 역으로 갑니다.

Take your pick, whatever you want.
원하는거 뭐든 맘대로 고르세요.

💬 이렇게 말한다!

A: **What did you say to him?**
B: **I told him he can take it or leave it.**
　　A: 그 남자한테 뭐라고 했니?
　　B: 이걸 받아들이든지 아님 그만 두라고 했어.

✏️ 영어문장필사해보기

• 디저트 아무거나 원하는거 고르세요.

02. 가지고 멀리 가는 Take **039**

take 002 — take one's word for it
…의 말을 믿다

…의 말(sb's word)을 받아들이다」, 즉 「…의 말을 믿다」라는 뜻이다. take it from sb라 말해도 되며 또한 have one's word (for it) 또한 같은 의미. 참고로 give one's word하면 「약속하다」라는 의미가 된다.

✓ 핵심포인트

take one's word (for it)	…의 말을 믿다
take it from sb	…의 말을 믿다
have one's word (for it)	…의 말을 믿다
give one's word	약속하다

📓 이렇게 쓰인다!

We'll have to take your word for it.
우리는 네 말을 믿어야 돼.

I'll take your word for it.
네 말을 믿을게.

Take it from me, Mom loves you.
내 말을 믿어. 엄만 널 사랑하셔.

Take my word for it, he's the best in the business.
내 말 믿어, 그가 업계에서 최고야.

💬 이렇게 말한다!

A: **Take my word for it. He's a real idiot.**
B: **I'll keep that in mind.**
  A: 내 말을 믿어. 그 사람은 정말 바보야.
  B: 명심할게.

✏️ 영어문장필사해보기

• 내 말을 믿어. 엄만 널 사랑하셔.

Don't take it personally
기분 나쁘게 생각하지마

take it personally는 개인적으로(personally) 그것을(it) 받아들이다(take)라는 뜻으로 상대방의 말이나 행동을 사적인 감정이 있는 것으로 받아들이다라는 뜻. Don't take it personally는 뭔가 솔직하게 이야기할 때 혹은 상대가 기분 나빠할 수도 있는 말을 꺼낼 때 사용하면 된다.

✓ 핵심포인트

take it personally 사적인 감정이 있는 것으로 받아들이다, 기분 나쁘게 받아들이다
Don't take it personally, but ~ 기분 나빠하진 말고…

📝 이렇게 쓰인다!

Don't take it personally, but I don't like your new haircut.
기분 나쁘게 생각하지마 하지만 네 새 머리스타일이 맘에 안 들어.

He'll take it personally.
걘 개인적으로 받아들일거야.

I can't help but take it personally.
기분나쁘게 받아들이지 않을 수 없어.

Don't take it personally, but I won't take your word for that.
기분 나쁘게 생각하지마, 하지만 네 말을 믿지 않을거야.

💬 이렇게 말한다!

A: Jerry told me that I'm fat.
B: **Don't take it personally.** He's unkind.
　　A: 제리는 내가 살쪘다고 말했어.
　　B: 기분나쁘게 받아들이지마. 고약한 친구거든.

✏️ 영어문장필사해보기

- 기분 나쁘게 생각하지마, 하지만 네 말을 믿지 않을거야.

take 004
I can't take it anymore
더 이상 못 참겠어, 더 못 견디겠어

그것(it)을 더 이상(anymore) 받아들일 수 없다(can't take)라는 뜻. 참고 참다가 더 이상 참을 수 없는 지경에 이르렀을 때 던질 수 있는 표현. 거의 굳어진 표현으로 I can't take it anymore 라는 형태로 가장 많이 쓰인다.

✓ 핵심포인트

can't take it anymore　　더 이상 못참다

📓 이렇게 쓰인다!

Okay, that's it. I can't take it anymore.
그래, 됐어. 더 이상 못 참겠어.

I can't take it anymore! I'm putting an end to this!
더 이상 못 참겠어! 이거 그만 끝내자고!

I can't take it anymore. I am out of here!
더 이상 못 참겠어. 나 간다!

He couldn't take it anymore so he quit the job.
걘 더 이상 견딜 수가 없어 회사를 그만뒀어.

💬 이렇게 말한다!

A: Everyone lies to me. I can't take it anymore.
B: That's not true. I am always honest with you.
　　A: 다들 내게 거짓말해. 더 이상 못참아.
　　B: 그건 사실이 아냐. 나는 언제나 너에게 정직했어

📝 영어문장필사해보기

• 더 이상 못 참겠어. 나 간다!

take 005 — take the blame
비난을 받아들이다

역시 「…을 받아들이다」라는 의미의 take로 이번에는 어떤 비난(blame)이나 책임(responsibility)을 목적어로 받아 take the blame이나 take the responsibility라는 표현을 만들어 낸다.

✓ 핵심포인트

take the blame (for~)	(…에 대한) 비난을 받다
take responsibility (for/of~)	(…에 대한) 책임을 지다

📋 이렇게 쓰인다!

You might take the blame for something you didn't do.
하지도 않은 일에 대한 비난을 뒤집어쓸 수도 있다.

I take full responsibility for that.
그에 대한 모든 책임을 지겠어.

We need to take some of the responsibility here.
우린 여기 일정 부분 책임을 져야 돼.

Don't expect her to take the blame for that.
걔가 거기에 대한 비난을 받을거라는 생각은 하지마.

💬 이렇게 말한다!

A: Oh boy, our boss is really angry about the report.
B: Well, I'm not going to take the blame for it.

A: 맙소사, 사장이 그 보고서로 열받았어.
B: 글쎄요. 내가 그 비난을 받지는 않을거야.

✏️ 영어문장필사해보기

• 하지도 않은 일에 대한 비난을 뒤집어쓸 수도 있다.

take credit for
…에 대한 공을 인정받다, …의 공을 가로채다

책임이 아니라 어떤 일을 잘 마친 공(credit)을 받아들이는(take) 경우이다. 좀 어렵지만 실제 회화에서 자주 쓰인다. take 대신 have, get을 써도 된다. 반대로 give credit for하면 「…의 공으로 인정하다」라는 의미이다.

✓ 핵심포인트

take credit for	…의 공을 인정받다
give credit for	…의 공으로 인정하다

📓 이렇게 쓰인다!

I can't take credit for this. We both know that this wasn't me.
내가 이 공을 가로챌 수는 없어. 우리 둘 다 내가 아니라는 걸 알잖아.

You took credit for my work, Peter!
피터, 넌 내 공을 가로챘어!

I am sorry I took credit for your work.
네 공을 가로채서 미안해.

I can't take credit for that. I wasn't part of the project.
내 공이라고 할 수 없어. 난 그 프로젝트에 관여하지 않았거든.

💬 이렇게 말한다!

A: **Allison took credit for buying the gift.**
B: **She should because she paid for it.**

   A: 앨리슨이 선물 산 티를 다 냈어.
   B: 걔가 돈을 냈으니까.

✏️ 영어문장필사해보기

• 피터, 넌 내 공을 가로챘어!

take 007

take chances[a chance]
위험을 무릅쓰다, 운에 맡기고 해보다

운(chance)에 맡기고 한번 해보다라는 뜻으로 take a chance[chances] 혹은 take the chance 혹은 take one's chances로 쓰인다. 참고로 take a risk (of~) 또한 위험을 무릅쓰다라는 의미이다.

✓ 핵심포인트

take a chance[chances]	위험을 무릅쓰다, 운에 맡기고 해보다
take one's chances	운에 맡기고 해보다
take the chance	기회를 잡다, 운에 맡기고 해보다

📝 이렇게 쓰인다!

I want you to take a chance and trust me.
운에 맡기고 날 믿었으면 해.

I'll take my chances.
난 모험을 해보겠어.

Sometimes you have to take chances.
때론 위험을 감수해야 돼.

Let's take a chance. We might have some good weather.
운에 맡겨보자. 날씨가 좋을지도 모르잖아.

💬 이렇게 말한다!

A: **Have you ever gone bungee jumping?**
B: **No, I don't like to take chances.**
　A: 번지 점프를 해 본적이 있니?
　B: 아니. 나는 위험을 무릅쓰지 않아.

✏️ 영어문장필사해보기

- 때론 위험을 감수해야 돼.

take the opportunity
기회를 잡다

앞의 경우와는 좀 달리 take the opportunity하면 「…할 기회를 갖다」라는 뜻으로 특히 「이 기회를 빌어 …하겠다」고 할 때 I'll take this opportunity to~ 라는 표현을 즐겨 사용한다.

✓ 핵심포인트

take the opportunity to do~	…할 기회를 갖다
have[get] the opportunity to do~	…할 기회가 있다

📝 이렇게 쓰인다!

I'm happy I'm able to give you this opportunity.
네게 이런 기회를 줄 수 있게 돼 기뻐.

I'd like to take this opportunity to say I'm getting married next month.
이번 기회를 빌어 담달에 결혼한다는 사실을 말하겠습니다.

You may not get an opportunity to do that research.
넌 그 연구를 할 기회가 없을지도 몰라.

You can take this opportunity to get to know her well.
이 기회를 통해 걜 잘 알도록 해봐.

💬 이렇게 말한다!

A: Randy has a chance to start his own business.
B: I hope he takes the opportunity. He might get rich.

A: 랜디는 사업할 기회가 생겼어.
B: 그가 그 기회를 잡기를 원해. 부자가 될 수도 있을거야.

✏️ 영어문장필사해보기

• 이번 기회를 빌어 담달에 결혼한다는 사실을 말하겠습니다.

take a rain check
다음으로 미루다

rain check은 우천으로 인한 야구경기 중단시 관객들에게 나눠주던 다음 경기를 볼 수 있는 교환표(check). 거기서 시작되어 take a rain check하면 표를 받는 것으로 약속이나 초대 등을 다음으로 미룰 때 사용한다.

✓ 핵심포인트

take a rain check	(약속 등을) 다음으로 미루다
give a rain check	다음에 초대하겠다고 약속하다

이렇게 쓰인다!

I'll take a rain check.
이번에는 다음으로 미룰게.

You mind if I take a rain check?
다음으로 미루어도 돼?

My head's going to explode. Can I take a rain check?
머리가 터질 것 같아. 담으로 미뤄도 돼?

Can I take a rain check? I'm so tired today.
다음으로 미룰 수 있을까? 오늘 너무 피곤해서.

이렇게 말한다!

A: Would you like to come up and see my apartment?
B: I would, but I'm going to have to take a rain check.

    A: 올라와서 내 아파트볼래?
    B: 그러고 싶은데, 다음 기회로 미뤄야겠어.

영어문장필사해보기 ✏️

- 머리가 터질 것 같아. 담으로 미뤄도 돼?

take one's time
서두르지 않다

010

「시간을 갖고 해」라는 의미로 주로 서두르는 상대에게 천천히 하라는 뜻의 Take your time이 많이 쓰인다. 같은 의미로 쓰이는 표현에는 Relax, Take it easy 등이 있다.

✓ 핵심포인트

take one's time with sth	…하는데 천천히 하다
take one's time ~ing	…하는데 천천히 하다

📖 이렇게 쓰인다!

Please take your time. It's an important decision.
시간을 갖고 해. 중요한 결정이니까.

Take your time. There's no rush.
천천히 해. 서두르지 않아도 돼.

Take your time. It's no big deal.
천천히 해. 별 일도 아닌데 뭘.

Take your time. I'm in no rush.
천천히 해. 난 급하지 않아.

💬 이렇게 말한다!

A: I'll be back in ten minutes.
B: Take your time. It's not that busy.

  A: 10분 후에 돌아올게.
  B: 천천히 해. 그렇게 바쁜 일은 아냐.

✏️ 영어문장필사해보기

• 천천히 해. 서두르지 않아도 돼.

take medicine
약을 먹다

take 다음에 medicine이나 pill, tablet이 오면 약을 먹다, 복용하다라는 뜻. medication 또한 약물이란 뜻으로 take와 어울려 쓰인다. 한편 take drugs하면 「금지된 불법약물을 먹는다」라는 뜻이 될 수도 있다.

✓ 핵심포인트

take+약(medicine, pill, tablet)	약을 복용하다
take drugs	금지약물을 먹다

Are you currently taking medication?
현재 뭐 드시는 약 있나요?

I'm not taking any medicine.
아무런 약도 먹지 않아요.

Take one tablet every night before sleeping.
매일 밤 자기 전에 약을 하나 들어요.

I promise I have never taken any drugs.
정말이지 어느 불법약물도 먹어본 적 없어.

💬 이렇게 말한다!

A: **Our teacher looked terrible this morning.**
B: **He should take some medicine for his cold.**
  A: 선생님이 올아침 무척 힘들어 보여.
  B: 감기약을 좀 복용해야 돼.

📝 영어문장필사해보기

• 현재 뭐 드시는 약 있나요?

take a bus
버스를 타다

이번에는 take 다음에 교통수단(a bus, a taxi) 등이 오면 「…을 타다」, 그리고 take 다음에 길 (road)이 나오면 「…길로 가다」라는 의미가 된다.

✓ 핵심포인트

take a bus[train, taxi]	버스[기차, 택시]를 타다
take the road	…길로 가다

📝 이렇게 쓰인다!

The easiest way is to take a taxi.
가장 빠른 방법은 택시를 타는거야.

Which train should I take to Gangnam?
강남까지 가려면 어떤 지하철을 타야 돼?

You should take a bus.
버스를 타.

I'm going to take a cab home.
난 집에 택시타고 갈거야.

💬 이렇게 말한다!

A: **What is the best way to get to Shinsaegae Department Store?**
B: **Take the bus. You'll be there in twenty minutes.**
　A: 신세계 백화점에 가는 가장 좋은 길은 뭐야?
　B: 버스를 타. 20분이면 도착할거야.

✏️ 영어문장필사해보기

• 강남까지 가려면 어떤 지하철을 타야 돼?

take a lesson
수업을 받다

take+수업과목하면 「…과목을 듣다」, 그리고 take+시험이 되면 「…을 시험을 보다」라는 뜻. 참고로 teach sb a lesson하면 수업을 가르킨게 아니라 본때를 보여줬다, learn a lesson하면 교훈을 배웠다라는 뜻이 된다.

✓ 핵심포인트

take ~ lesson	…수업을 받다
give sb ~lesson	…에게 …을 가르키다

📋 이렇게 쓰인다!

I've been taking dancing lessons.
댄스교습을 받고 있어.

I'm taking tennis lessons three times a week.
일주일에 세 번 테니스 수업을 받아.

Why don't you take a yoga class?
요가 수업을 받아봐.

My son is taking private piano and English lessons.
내 아들은 피아노와 영어 과외를 하고 있어.

💬 이렇게 말한다!

A: You can take a lesson in drawing for free.
B: I'll try it. I like creating art.

　　A: 넌 무료로 그림 레슨을 받을 수 있어.
　　B: 그럴게. 나는 미술 그리는 것을 좋아해.

✏️ 영어문장필사해보기

• 요가 수업을 받아봐.

02. 가지고 멀리 가는 Take　　　　　051

take a look (at)

take 014

(…을) 쳐다보다

give에서도 살펴봤듯이 take 다음에도 동사의 명사형인 동작명사가 와서 '동작명사하다'라는 뜻이 된다. look (at)도 많이 쓰이지만 take+동작명사 형태인 take a look (at)을 매우 선호한다.

 핵심포인트

take a shower	샤워하다	take a bath	목욕하다
take a walk	산보하다	take a nap	낮잠자다
take a vacation	휴가가다	take a rest	쉬다
take a seat	자리에 앉다	take a picture	사진찍다

이렇게 쓰인다!

Would you take a look at this paper?
이 신문 좀 봐봐?

Take a breath. We have a lot of time before we start.
진정해. 시작하기까지 시간이 많이 있어.

Can I take a bath? It won't take long.
목욕해도 돼? 금방이면 돼.

Please take your seat. Can I get you something to drink?
자리에 앉아. 뭐 마실래?

Can you take a picture of us?
우리 사진 좀 찍어줄래요?

You should take a rest. Get some sleep in your room.
너 좀 쉬어라. 방에 들어가서 잠 좀 자.

Do you want to take a nap before dinner?
저녁 먹기 전에 낮잠 잘래?

이렇게 말한다!

A: Take a look at Angela tonight.
B: Wow, I can't believe how beautiful she is.

A: 오늘 밤 안젤라를 한번 봐.
B: 와, 믿을 수 없을만큼 아름답구나.

take 015 · take a break
잠시 쉬다

역시 take+동작명사 중 하나. break는 하던 일을 멈추고 잠시 쉬는 것을 말하는 것으로 take a break하면 「잠시 휴식을 취하다」란 의미. 회화에서 무척 많이 쓰이는 표현이다.

✓ 핵심포인트

take a break	잠시 쉬다	be taking a break	지금 쉬고 있다

📓 이렇게 쓰인다!

I need to take a break.
나 좀 쉬어야 돼.

Let's take a ten-minute break. We've been working hard.
10분 간 쉽시다. 우리 열심히 일했잖아.

I can't take a break right now.
지금은 쉴 수 없어요.

Maybe we should take a break.
우리 쉬는게 어때.

Time to take a break. How about some coffee?
쉴 시간이야. 커피 어때?

Well, we're kind of taking a break.
저기, 지금 좀 쉬고 있는 중이야.

💬 이렇게 말한다!

A: **Shall we take a break now?**
B: **No, let's keep going.**
　A: 지금 잠시 좀 쉴까?
　B: 아니, 계속하자.

✏️ 영어문장필사해보기

• 지금은 쉴 수 없어요.

take 016
take care of
돌보다, 처리하다

「…을 돌보다」라는 뜻으로 익숙한 숙어. 그밖에 take care of sth하게 되면 「…의 일처리를 하는」 것을 말하며 그냥 Take care하면 헤어지면서 "잘 가"라고 하는 인사표현이 된다.

✓ 핵심포인트

I will[Let me] take care of ~	…을 내가 처리할게
(Please) Take care of~	…을 처리해줘
take a good care of~	…을 잘 돌보다, …을 잘 처리하다

📝 이렇게 쓰인다!

Let me take care of it. Don't worry about that.
나한테 맡겨. 걱정말고.

Let me take care of the bill.
내가 낼게.

Can you take care of my work while I'm away?
내가 없는 동안 내 일 좀 처리해줄래?

It's important to take care of your health in the summer.
여름에는 건강을 신경쓰는게 중요해.

💬 이렇게 말한다!

A: Could you take care of my dog this week?
B: Why? Are you going on vacation?
　A: 이번주 내 강아지 좀 돌봐줄 수 있니?
　B: 왜. 휴가 가니?

✏️ 영어문장필사해보기

• 내가 없는 동안 내 일 좀 처리해줄래?

take ~ for ~
···을 ···로 여기다

take가 「간주하다」, 「여기다」라는 뜻으로 쓰여 take A for B가 되면 「A를 B로 착각하다」(believe wrongly that A is B)라는 의미가 된다.

✓ 핵심포인트
| take A for B | A를 B로 여기다 |

 이렇게 쓰인다!

How could you take Sue for Mary?
너 어떻게 수를 메리로 착각할 수가 있어?

What do you take me for?
날 뭘로 보는거야?

Do you take me for an idiot?
날 바보로 아는거니?

이렇게 말한다!

A: **What do you take me for?** I'm not a whistleblower.
B: Then how did they know that?

A: 날 뭘로 보는거야? 내부고발자아냐.
B: 그럼, 걔네들이 그걸 어떻게 알게 된거야?

영어문장필사해보기 ✎
• 날 바보로 아는거니?

take 018 · take sb to~

…을 …로 데리고 가다

take가 이동의 의미로 쓰인 경우로 take sb to~ 하면 「…을 다른 곳으로 데리고 가다」라는 의미가 된다. to+장소가 오는 경우가 태반이지만 to+동사가 와서 「…을 데리고 가서 …하다」로 쓰이는 경우도 있다.

 핵심포인트

I'd like to take you to~	널 데리고 …로 가고 싶어
Take me to~	…로 데려다 줘

 이렇게 쓰인다!

I'd like to take you to the restaurant to try some Indian food.
널 식당에 데려가서 인도음식을 먹고 싶어.

I'd like to take her out for dinner on the weekend.
걜 주말에 저녁 사주러 데리고 나가고 싶어.

Please take me to the airport.
공항까지 가주세요.

Take me to lunch.
점심 사줘.

The train will take you to Kimpo airport.
이 전철을 타면 김포공항까지 가.

이렇게 말한다!

A: Where are you going with Elise?
B: I have to take her to a subway station.

A: 엘리제와 함께 어디로 가는데?
B: 걔를 지하철 역까지 데려다 줘야해.

영어문장필사해보기

• 공항까지 가주세요.

take action
조치를 취하다

어떤 문제를 다루기 위해 필요한 행동이나 조치를 취한다는 의미로 take steps라 해도 된다. 조치를 취하는 목적은 action이나 steps 다음에 to+동사를 붙여서 말하면 된다.

✓ 핵심포인트

take steps to+V	…할 조치를 취하다
take a legal action	법적조치를 취하다
take follow-up measures	후속조치를 취하다

📝 이렇게 쓰인다!

They decided to take action.
걔네들은 조치를 취하기로 결정했어.

We have to take steps to protect ourselves.
우리 스스로를 보호하기 위해 조치를 취해야 한다.

We are certainly taking steps to resolve them.
그것들을 해결하기 위한 조치를 분명히 취하고 있어.

We're taking some steps towards stopping this kind of action.
이런 행동을 중단시키기 위한 일종의 조치를 취하고 있어.

💬 이렇게 말한다!

A: Sometimes I feel scared when I walk home at night.
B: You need to take action to protect yourself.

　A: 가끔 밤에 집에 갈 때 두려워.
　B: 스스로 보호할 조치가 필요해.

✏️ 영어문장필사해보기

- 우리 스스로를 보호하기 위해 조치를 취해야 한다.

take advantage of~
…을 이용하다

take advantage of sb하면 남의 약점을 교묘히 파고들어 자신이 원하는 걸 얻는 것을 말하고 take advantage of sth하면 …을 활용한다는 긍정적인 의미이다.

✓ **핵심포인트**

take advantage of sb	…을 이용하다
take advantage of sth	…을 활용하다

📝 **이렇게 쓰인다!**

We're not going to take advantage of the situation.
우린 이 상황을 이용하지 않을거야.

Many people are taking advantage of the day off.
많은 사람들이 휴가를 활용하고 있다.

You should feel guilty about taking advantage of young people.
젊은 사람들을 이용하는 것에 죄책감을 느껴야 돼.

I was hoping to take advantage of your expertise.
난 너의 전문지식을 활용하길 바랐어.

💬 **이렇게 말한다!**

A: This is a great price for a new TV.
B: You should take advantage of it while it's so low.

A: 신형 TV로는 무척 좋은 가격이다.
B: 가격이 저렴할 때 이용해야 해.

📝 영어문장필사해보기

• 우린 이 상황을 이용하지 않을거야.

take place
생기다, 발생하다

take place는 기본 숙어로 어떤 일이 일어나거나 발생한다는 의미로 happen의 동의어로 잘 알려져 있다.

✓ 핵심포인트

take place = happen   생기다, 발생하다

📋 이렇게 쓰인다!

Most exchanges take place by e-mail, text message, or IM.
대부분 주고받는 것은 이메일이나, 문자메시지 혹은 메신저를 통해 이루어진다.

There's a charity dinner taking place downstairs.
아래층에서 자선파티가 열리고 있어.

The robbery took place in a bank downtown.
시내 은행에서 강도사건이 발생했어.

Our date will take place next Saturday.
다음 토요일 우리가 데이트를 할 예정이야.

💬 이렇게 말한다!

A: What's going to take place in the arena?
B: There is a pop music concert tonight.
   A: 경기장에서 무슨 행사가 개최될거야?
   B: 오늘밤 팝 콘서트가 있을거야.

영어문장필사해보기 ✏️

• 다음 토요일 우리가 데이트를 할 예정이야.

take part in
참여하다

역시 take part in하면 participate in이라고 해서 잘 알려진 숙어로 take part in sth하면 …에 개입하다, 참여하다 등의 의미를 갖는다.

✓ 핵심포인트

play a part in	…에 참여하다
have no part in	…에 관여하지 않다

📝 이렇게 쓰인다!

You're going to take part in the camping trip?
이번 캠핑 갈거야?

My mother is taking part in a political protest.
어머니는 정치적 시위에 참가하고 계신다.

Our friends are going to take part in our wedding.
친구들이 우리 결혼식에 참석할 예정이야.

The students like to take part in science class.
학생들이 과학수업에 참석하기를 좋아해.

💬 이렇게 말한다!

A: Did you take part in the festival?
B: No. I just stayed at home.
　　A: 축제에 참가했었니?
　　B: 아니. 나는 집에 남아 있었어.

영어문장필사해보기 ✏️

• 어머니는 정치적 시위에 참가하고 계신다.

take notes
받아적다, 기록하다, 주목하다

take note of는 「…을 주목하고 주의를 기울이다」(pay attention)라는 의미이고 note를 복수로 써서 take notes하면 메모를 해둔다는 의미이다.

✓ 핵심포인트

make a note of	…을 메모하다
leave a note	쪽지를 남기다

📝 이렇게 쓰인다!

Please take notes whenever I tell you to.
내가 시킬 땐 항상 받아 적어라.

Can you take some notes for me?
내 대신 노트 좀 해 줄테야?

I was so busy taking notes.
난 메모하느라 너무 바빴어.

You left Jill a note to meet her here.
넌 질에게 여기서 만나자고 쪽지를 남겼어.

💬 이렇게 말한다!

A: I won't be able to make it to the presentation.
B: That's okay. I'll take notes for you.
    A: 발표회에 못갈 것 같아.
    B: 걱정 마. 내가 대신 노트해 줄게.

✏️ 영어문장필사해보기

- 내 대신 노트 좀 해 줄테야?

take 024
take the call
전화를 받다

주로 전화기 화면에 보이는 전화번호를 보면서 난 이 전화받아야 돼라는 의미로 I gotta take this call이라고 많이 쓰인다. 반대로 전화를 하다는 make the call, 여러군데 전화를 돌려보다는 make some calls라고 한다.

✓ 핵심포인트

take this call	걸려오는 전화를 받다
make the call	전화를 하다
make some calls	전화를 여러군데 돌려보다

📓 이렇게 쓰인다!

I'll be right back. I just gotta take this call.
금방 돌아올게. 이 전화 받아야해서.

He's not gonna take my calls.
걔는 내 전화를 받지 않을거야.

He won't take my calls. He'll only talk to you.
걘 내 전화 안받으려고 해. 너하고만 얘기할거야.

I'm down with you. I'm not gonna take your call.
너에게 실망했어. 네 전화는 받지 않을거야.

💬 이렇게 말한다!

A: Why don't you just apologize to Cindy?
B: I tried. She won't take my calls anymore.
  A: 그냥 신디에게 잘못했다고 사과하지 그래.
  B: 그랬는데. 더 이상 내 전화를 받지 않으려고 해.

📝 영어문장필사해보기

• 금방 돌아올게. 이 전화 받아야해서.

take 025
~will take a second
잠깐이면 된다

take a second[minute]는 잠깐의 시간이 걸린다라는 의미. 주로 상대방에게 부탁할 때 "잠깐이면 된다"라고 할 때 This[It] will just take a minute 형태로 쓰인다. 물론 사람이 주어로 나오면 「잠깐 시간내서 …하다」라는 뜻.

✓ 핵심포인트

It[This] will take a minute[second]	이건 잠깐이면 된다
Sb takes a minute[second] to+동사	…가 잠깐 시간내어 …하다

📝 이렇게 쓰인다!

It[This] will just take a second.
잠깐이면 돼.

It[This] will only take a minute.
금방이면 돼.

It really is only going to take a minute.
정말이지 금방이면 될거야.

I have to take a minute to check it out.
잠깐 시간내서 그걸 확인해봐야겠어.

You want to take a minute to think again?
잠깐 다시 생각할래?

💬 이렇게 말한다!

A: Aren't you finished in the bathroom yet?
B: Almost. It will take a second for me to get ready.
   A: 화장실 사용이 아직 안 끝났니?
   B: 거의. 조금 있으면 나올거야.

✏️ 영어문장필사해보기

• 잠깐 시간내서 그걸 확인해봐야겠어.

take 026
take time
…만큼의 시간이 걸리다

take 다음에 시간관련 명사가 오면 「…만큼의 시간이 걸린다」라는 뜻으로 It takes+시간+to~(…하는데 '시간'이 걸린다), How long does it take to~?(…하는데 시간이 얼마나 걸려요?)라는 걸출한 표현들을 만들어 낸다. 물론 시간 명사외에 courage 등의 일반명사가 올 수도 있다.

✓ 핵심포인트

It takes (sb)+시간+to do ~	(…가) …하는데 …의 시간이 걸리다
How long does it take to do~ ?	…하는데 시간이 얼마나 걸려요?
How long does it take to get to+장소?	…까지 가는데 시간이 얼마나 걸려요?

📓 이렇게 쓰인다!

It takes around 1 hour for me to get there.
거기 가는데 1시간 정도 걸려.

It took me a long time to find it.
그거 찾는데 시간 많이 걸렸어.

It looks like it'll take a lot of time.
시간이 많이 걸릴 것 같아.

Hold on a minute. It won't take long.
잠시만 기다려. 오래 안 걸려.

Be patient. It takes time to get what you want.
인내심을 가져. 원하는 것을 얻으려면 시간이 걸려.

It will take a lot of courage to do that.
그거 하려면 많은 용기가 필요할거야.

How long does it take to get this done?
이거 끝내는데 얼마나 걸립니까?

How long does it take to get to the airport?
공항까지 가는데 얼마나 걸려요?

What took you so long?
뭣 때문에 이렇게 오래 걸렸어?

🗣 이렇게 말한다!

A: It took David a long time to graduate.
B: Yeah, he was in college for seven years.
   A: 데이빗은 졸업하는데 오랜 시간이 걸렸어.
   B: 그래. 7년이나 대학에서 공부했지.

A: I haven't cleaned my room this week.
B: Take time to do that on Sunday.
   A: 이번주에 방청소를 안했어.
   B: 일요일날 시간내서 해.

A: How long does it take to cook a turkey?
B: That depends on how heavy the bird is.
   A: 칠면조 요리하는데 시간이 얼마나 걸려?
   B: 칠면조 크기에 따라 다르지.

✏ 영어문장필사해보기

• 거기 가는데 1시간 정도 걸려.

• 그거 하려면 많은 용기가 필요할거야.

take 027 (have) what it takes

성공하는데 필요한 자질, 소질

그것(it)이 필요로 하는(takes) 것(what)을 갖고 있다는 것으로 what it takes하면 주로 뭔가 성공하는데 필요한 것을 의미한다.

✓ 핵심포인트

have what it takes	소질이 있다
~what it takes to+동사	…하는데 필요한 것[소질]

📒 이렇게 쓰인다!

He doesn't have what it takes, does he?
걘 소질이 없지, 그지?

I didn't have what it takes to be a doctor.
난 의사가 되기엔 갖춰야 할게 부족해.

I'll do whatever it takes.
어떻게 해서라도 할게.

She will fail. She doesn't have what it takes.
걘 실패할거야. 소질이 없어.

💬 이렇게 말한다!

A: Chris has been very disappointing.
B: He doesn't have what it takes, does he?

A: 크리스는 정말 실망스러웠어.
B: 걘 소질이 없어, 그지?

📝 영어문장필사해보기

• 걘 소질이 없지, 그지?

take 028

Take it easy
진정해, 천천히 해

일을 서두르지 않고 천천히 하다라는 뜻으로 Take it easy 형태의 명령문 형태로 많이 알려져 있으나 "I'll take it easy"처럼 일반 동사구로도 많이 쓰인다.

✓ 핵심포인트

Take it easy	진정해, 천천히 해
take it easy on~	…을 천천히 하다, 심하게 하지 않다

📝 이렇게 쓰인다!

Just take it easy and try to relax.
걱정하지 말고 긴장을 풀어봐.

Take it easy. We have a lot of time.
진정하라고. 우리 시간이 많잖아.

Why don't you take it easy on your girlfriend?
네 여친에게 심하게 하지마.

💬 이렇게 말한다!

A: I'm looking forward to getting to know you.
B: Take it easy. We have a lot of time.
　A: 널 빨리 알게 되고 싶어.
　B: 진정하라고. 우리 시간이 많잖아.

✏️ 영어문장필사해보기

- 진정하라고. 우리 시간이 많잖아.

take it slow

029 천천히 하다

앞의 표현처럼 뭔가 서두르지 않고 천천히 하는 것을 말한다. 어떤 동작을 서두르는 것뿐만 아니라 어떤 관계 등에서 신중하게 나아가다 등으로 자주 쓰인다.

✓ 핵심포인트

| take it slow | 천천히 하다 |

📝 이렇게 쓰인다!

He wants to take it slow.
걔는 천천히 하기를 바래.

I think it's good to take it slow.
천천히 나아가는게 좋을거야.

Seriously, we're taking it slow.
진지하게 우린 천천히 나아가고 있어.

She wants to take it slow in this relationship.
걘 나랑 사귀는거 서두르고 싶지 않은가봐.

💬 이렇게 말한다!

A: There's a lot of snow on the roads tonight.
B: You'd better take it slow when you drive home.

A: 오늘밤 도로에 많은 눈이 쌓여 있어.
B: 집으로 운전해 갈 때 천천히 가는 것이 좋을 것 같아.

✏️ 영어문장필사해보기

• 걘 나랑 사귀는거 서두르고 싶지 않은가봐.

take 030

take away
없애다, 줄이다

가지고(take) 멀리(away) 간다는 것으로 「…을 빼앗아가다」, 「없애다」 정도의 의미이다. 또한 take sb's breath away는 「…의 숨을 앗아간다」는 말로 의역하면 「…을 놀라게 하다」라는 뜻이 된다.

✓ 핵심포인트

take away	빼앗아 가다
take one's breath away	…을 놀라게 하다, 숨 넘어가다

📒 이렇게 쓰인다!

I still can't believe they took away my key.
걔네들이 내 키를 가져가다니 믿기지 않아.

Please, Jimmy, don't take away my hope.
제발 지미야, 내 희망을 앗아가지마.

She took it away and gave it to somebody else.
걘 그걸 뺏어서 다른 사람에게 줬어.

Surprise me. Take my breath away.
날 놀래켜봐. 놀라게 해봐.

💬 이렇게 말한다!

A: What are those men in the truck doing?
B: They are taking away the school's garbage.
  A: 트럭에서 그 사람들이 뭘 하는거야?
  B: 학교 쓰레기를 처리하고 있는 중이야.

✏️ 영어문장필사해보기

• 걘 그걸 뺏어서 다른 사람에게 줬어.

take 031

take back

돌려받다(from~), 돌려주다, 반품하다(to~), 자기 말을 취소하다

자기가 준 것을 되돌려 받는다(take sth back from~)는 뜻이 있고 또한 반대로 자기가 가져온 것을 되돌려준다(take sth back to~)라는 의미로도 쓰인다. 또한 비유적으로 자기가 한 말을 취소한다는 뜻도 있다.

✓ 핵심포인트

take back from	…로부터 되돌려 받다
take back to	…에게 되돌려 주다

📝 이렇게 쓰인다!

Take back what you said!
네가 한 말 취소해!

I just **took back** what was mine.
내 것이던 걸 가져왔을 뿐이야.

I **took back** my money from her.
난 걔로부터 돈을 다시 가져왔어.

You have to **take** the book **back to** the library.
넌 책을 도서관에 반납해야 돼.

💬 이렇게 말한다!

A: I heard you had a fight with your girlfriend.
B: She **took back** the ring that I gave her.
   A: 네가 여친과 싸웠다고 들었어.
   B: 그녀가 내가 준 반지를 돌려주었어.

✏️ 영어문장필사해보기

• 내 것이던 걸 가져왔을 뿐이야.

take 032

take down
…을 내리다, 넘어뜨리다

「…을 잡아서 밑으로 내리다」라는 뜻으로 말 그대로 「밑으로 내려놓다」 혹은 비유적으로 「넘어뜨리다」, 「기를 꺾다」라는 뜻으로 쓰인다. 또한 어떤 정보를 「받아적는다」라는 의미로도 쓰인다.

✓ 핵심포인트

take down …을 밑으로 내리다, 넘어뜨리다, 콧대를 꺾다, 받아적다
take[bring] sb down a notch …의 콧대를 꺾다, 진정하게 하다

📓 이렇게 쓰인다!

I'm ready to fight for the little people. Take down some bad guys.
힘없는 사람들을 위해 싸울 준비가 되어 있어. 나쁜 놈들을 때려잡자.

Fine. Take her down for the next test.
좋아. 다음 검사하게 걔를 내려 보내.

Could you take it down just a notch?
좀 진정 좀 할래?

If the wall is weak, we can take it down easily.
벽이 약하면 우리는 쉽게 허물 수 있어.

💬 이렇게 말한다!

A: Take down those posters on the wall.
B: OK, I'll get to work right away.

A: 벽에 있는 이 포스터들을 내려버려라.
B: 예. 바로 작업에 착수하겠습니다.

✏️ 영어문장필사해보기

• 좋아. 다음 검사하게 걔를 내려 보내.

take 033

take from

…에서(…로부터) 빼앗다, 빼다

「…로부터(from) 가져가는(take)」것을 기본적으로 하나 문맥에 따라 「…로부터 받아들이다」라는 뜻이 되기도 한다. 그래서 앞서 나온 Take it from me하면 "내가 한 말을 받아들여라," 즉 "내 말을 믿으라"는 말이 된다.

✔ 핵심포인트

take from	…에게서 빼앗다
take it from sb	…의 말을 믿다
take it from here	여기서부터 받아들이다, 맡다
take it from there	그 뒤부터 맡아 하다

📓 이렇게 쓰인다!

You can't take my money from me and just go away.
내 돈을 빼앗아 그냥 가면 안되지.

Don't take my girl from me.
내 여자를 빼앗아 가지마.

Why don't you guys go home. I can take it from here.
너희들 집에 가. 여기서부터 내가 할게.

Someone in the class took it from my bag.
반 학생중 누군가가 내 가방에서 그걸 가져갔어.

💬 이렇게 말한다!

A: What do you have in your bag?
B: I took snacks from the kitchen this morning.
  A: 네 가방 속에 무엇이 있니?
  B: 오늘 아침 부엌에서 스낵을 가져왔어.

✏ 영어문장필사해보기

• 내 여자를 빼앗아 가지마.

take 034

take in

받아들이다, 묵게 하다, (옷의 치수) 줄이다, 속이다

안에(in) 받아들이다(take)라는 뜻에서 새로운 멤버로 받아들이거나 혹은 집에 묵게 해주는 것을 뜻한다. 또한 옷에 관련되어서는 사이즈를 줄이다라는 뜻으로 쓰인다.

✓ 핵심포인트

take sb in	받아들이다, 묵게 하다, 속이다
take sth in	…의 치수를 줄이다

이렇게 쓰인다!

They didn't take her in as a new member of the club.
걔네들은 그녀를 클럽의 신입회원으로 받아들이지 않았다.

I'm sorry but I can't take you in tonight.
미안하지만 오늘밤 재워줄 수가 없어.

Can you have these pants take in?
이 바지 길이 좀 줄여줄테야?

I think it needs to be taken in.
그거 길이 줄여야 될 것 같아.

이렇게 말한다!

A: Your mom is the kindest woman I know.
B: Yeah, she takes in people who need help.
    A: 네 엄마는 내가 아는 가장 친절한 분야.
    B: 그래. 도움이 필요한 사람들을 받아주시지.

영어문장필사해보기 ✏️

- 이 바지 길이 좀 줄여줄테야?

take on

…을 떠맡다, 맞서다

take on은 다양한 의미로 사용되는데「(특히) 어려운 일이나 책임을 떠맡다」(accept a job or responsibility),「고용하다」(hire),「…한 모습을 띠다」란 뜻으로 사용된다. 때로는「싸움을 벌이다」란 의미로도 쓰인다.

✓ 핵심포인트

| take on | 입장, 태도 |

📋 이렇게 쓰인다!

I'm really ready to take on more responsibility around here.
난 여기서 더 많은 책임을 질 준비가 정말 되어 있어.

Illness can take on many forms.
병은 여러가지 모습을 띠어.

You must be a pretty tough guy to take on him.
걔한테 맞서다니 너 무척 터프한가봐.

So, what's your take on this?
그래 이거에 대한 너의 입장은 뭐야?

💬 이렇게 말한다!

A: That was an exciting fight.
B: One guy took on two others and won.
   A: 아주 흥미진진한 싸움이었어.
   B: 한 명이 다른 두 명에 맞서서 이겼지.

영어문장필사해보기 ✏️

• 걔한테 맞서다니 너 무척 터프한가봐.

take off
옷을 벗다, (비행기)이륙하다, 쉬다, 가다(leave)

off는 본체에서 떨어져나가는 것을 의미한다. 활주로에서 떨어져 이륙하는 것을, 옷을 벗는 것을, 그리고 휴가를 내서 쉬는 것을, 그리고 좀 낯설지만 take off (to)하면 「…로 가다」라는 뜻이 되기도 한다.

✓ 핵심포인트

take one's eyes off	…에서 눈을 떼다
take one's hands off	…에서 손을 떼다, 놔주다

📝 이렇게 쓰인다!

You'll have to wait until the plane takes off.
비행기가 이륙할 때까지 기다려야 해.

Would it be all right if I took a week off starting tomorrow?
내일부터 일주일간 휴가내도 괜찮겠어요?

I'd like to take the day off on Friday.
금요일에 휴가가고 싶어요.

I'm already late. I'm going to take off.
벌써 늦었네. 그만 일어서야겠어.

You're so amazing. I couldn't take my eyes off you.
넌 넘 멋져. 눈을 뗄 수가 없어.

💬 이렇게 말한다!

A: It seems to me that the room became hot.
B: I know. I had to take off my jacket.
    A: 방이 더워지는 것 같아.
    B: 알아. 내 웃옷을 벗어야겠어.

✏️ 영어문장필사해보기

• 금요일에 휴가가고 싶어요.

take out

데리고 나가다, 꺼내다, (돈을) 인출하다, (책을) 대출하다, (음식을) 포장해가다

다양한 의미의 동사구. 밖으로(out) 가지고 간다(take)는 의미. 「…을 밖으로 데리고 가다」, 은행에 가서 「돈을 인출하다」, 도서관에 가서 「책을 대출하다」 혹은 식당에서 「음식을 포장해가다」 등의 뜻으로 사용된다.

✓ 핵심포인트

take sb out (for/to~)	…을 데리고 나가 …을 하다
take it out on sb[sth]	다른 사람한테 분풀이하다
take the words out of sb's mouth	…가 말하려는 걸 먼저 말하다, 말을 가로채다

📝 이렇게 쓰인다!

So who's going to take me out to dinner?
그래 누가 날 데리고 나가 저녁먹을거야?

You're going to take me out for ice cream?
데리고 나가서 아이스크림 사줄거야?

Let me take you out to dinner tonight.
오늘 밤 저녁 사줄게.

They took me out for some drinks.
걔네들이 날 데리고 나가서 술을 마셨어.

Eat here or take it out?
여기 드시겠어요 아니면 포장이에요?

Don't take it out on me because you feel guilty.
죄의식 느낀다고 내게 화풀이 하지마.

Just because you got mad, don't take it out on me.
화났다고 내게 분풀이하지마.

💬 이렇게 말한다!

A: Take out these bags and put them in the garage.
B: Are you planning to store them?

A: 이 가방들 꺼내 차고 속에 넣어.
B: 보관할 계획이세요?

take 038

take over
일을 떠맡다, 회사 등을 양도받다

일을 떠맡거나 책임을 진다는 의미. 대상이 회사일 경우 take over는 회사를 차지하는 것을 뜻한다. take over for sb는 「…을 대신해서(…을 위해서) 맡다」가 된다. I'll take over now하면 이젠 "내가 맡을게"라는 말.

✓ 핵심포인트

take over	일을 떠맡다, 책임을 지다, 회사 등을 차지하다
take sth[sb] over to~	…에게 …을 가져다주다

📋 이렇게 쓰인다!

So then you just took over his business?
그래서 그냥 그 사람의 사업체를 양도받은거야?

Sam, take over until she gets here.
샘, 걔가 올 때까지 좀 맡아줘.

I took it over to the office this afternoon.
오늘 오후에 그걸 사무실에 갖다 놓았는데요.

You're getting tired. Let me take over.
너 피곤해 보인다. 내가 할게.

💬 이렇게 말한다!

A: Why're those businessmen in the office?
B: They plan to take over the company.
　A: 왜 저 비즈니스맨들이 사무실에 있는거야?
　B: 회사를 인수할 계획이래.

✏️ 영어문장필사해보기

- 너 피곤해 보인다. 내가 할게.

take to sb[sth]
⋯을 좋아하기 시작하다, 규칙적으로 ⋯하기 시작하다

take to~하면 좀 생소하지만 ⋯을 좋아하기 시작하거나 운동 같은 것을 규칙적으로 시작하는 것을 말한다. 또한 take a liking to sb/sth이라고 하면 역시 ⋯을 좋아하기 시작하다라는 뜻이다.

✓ 핵심포인트

take to sb[sth]	⋯을 좋아하다, ⋯하기 시작하다
take a liking[shine] to sb[sth]	⋯을 좋아하기 시작하다

📓 이렇게 쓰인다!

He seems to take to the new secretary.
걘 새로운 비서를 마음에 들어하는 것 같아.

They've really taken a liking to me.
걔네들이 나를 정말 좋아하기 시작했다.

Looks like the boss has taken a shine to you.
사장이 널 좋아하기 시작하는 것 같아.

💬 이렇게 말한다!

A: Even though I've lived in this big city for a few years now, I can't seem to take to city life.
B: Maybe you would be happier living in the country. Why don't you transfer to a small town.

A: 몇년간 대도시에 살아왔지만, 도시생활을 좋아하지 않는 것 같아.
B: 시골에서 사는게 더 행복할 수도 있겠네. 조그만 마을로 옮겨봐.

✏️ 영어문장필사해보기

• 걔네들이 나를 정말 좋아하기 시작했다.

take up

(일이나 취미생활을) 시작하다, …을 주제로 채택하다, (시간, 공간)차지하다, 시간을 빼앗다

뭔가 새롭게 시작하거나, 채택하거나 혹은 시간이나 공간을 차지하는 것을 말한다. 그래서 be taken up with하면 시간이나 공간이 「…로 차지되다」, take up a challenge하면 「도전에 응하다」라는 뜻이 된다.

✓ 핵심포인트

take sb up on~	(초대나 제안을) 받아들이다
take up sb's time	…의 시간을 낭비하다

📋 이렇게 쓰인다!

She has taken up tae kwondo these days.
걘 요즘 태권도를 배워.

Thank you for seeing me. I won't take up much of your time.
만나주셔서 감사해요. 시간 많이 뺏지 않겠습니다.

Being a lawyer must take up a lot of time.
변호사가 되려면 많은 시간이 걸려.

I'll take you up on that.
네 제안을 받아들일게.

🔊 이렇게 말한다!

A: Have you tried any new hobbies lately?
B: No, but I plan to take up golf soon.
   A: 근래 새로운 취미를 시작해봤니?
   B: 아니. 다만 곧 골프를 시작하려고해.

✏️ 영어문장필사해보기

- 만나주셔서 감사해요. 시간 많이 뺏지 않겠습니다.

Get More

- **take checks** 수표를 받다

  Do you take [accept] credit cards? 신용카드 받아요?
  Do you take checks? 수표 받나요?

- **take after** …을 닮다

  You must take after your father. 넌 네 아버지를 닮았구나.

- **be taken ill** 병에 걸리다

  He's taken ill. 병에 걸렸어.

- **be taken with[by]** …에 깜짝 놀라다

  He was taken by surprise. 걔는 깜짝 놀랐어.

- **be taken aback (by~)** (…에) 당황하다

  She looked a little bit taken aback by the question.
  걔 그 질문에 약간 당황해보였어.

- **take a message** 메시지를 받다 (↔ leave a message 메시지를 남기다)

  Could I take a message? 메시지를 전해드릴까요?

- **take the place of** …을 대신하다

  Nothing can take the place of good health. 건강보다 더 좋은 것은 없어.

- **take a hint** 눈치채다

  I can take a hint. 알겠다.

- **take it for granted** …를 당연하게 여기다

  Don't think I take it for granted. 내가 당연히 여긴다고 생각하지마.

- **take a shot** 겨누다, 시도하다

  I will take a shot in the dark. 막연하게 추측을 해볼게.
  Who's going to take the first shot? 누가 제일 먼저 할거야?

- **take a bite** [먹고있는 행위] *have a bite[입안에 먹을걸 갖고 있는 행위]

  She started to take a bite of a sandwich. 걘 샌드위를 먹기 시작했어.

- **take the lead** 앞장서다, 앞서다

  Right after we started getting into it, I took the lead.
  우리가 그걸 하기 시작하자 바로 내가 앞섰어.

- **take part in** …에 참여하다

  You're going to take part in the camping trip? 이번 캠핑갈거야?

- **take pity (on)** (…을) 동정하다

  Does she often take pity on you? 걔가 가끔 널 동정하니?

- **take one day at a time** 너무 서두르지 말고 차근차근하다

  I'm just taking one day at a time because I'm so tired.
  너무 피곤해서 좀 천천히 하고 있는거야.

- **Point well-taken** 무슨 말인지 잘 알았어

  Point well taken. I'm going to talk with my wife.
  무슨 말인지 잘 알겠어. 아내와 상의해볼게.

Get More

▶ **take A as B** A를 B로 받아들이다

I'll take that as a compliment. 칭찬으로 알게.

What do you take in your coffee? 커피에 뭐 타먹어?
It takes money to make money. 돈놓고 돈먹기.
I take an interest in you. 나 너한테 관심있어.
Take it or leave it. 선택의 여지가 없어, 받아들이든지 말든지 알아서 해.

 You Know What? : on Saturday과 on a Saturday

보통 on Saturday니, on Monday니 하고 관사 없이 요일이 나올 때, 이것은 말하고 있는 시점에서 가장 가까운 미래 혹은 과거의 그 요일을 의미한다. 그래서 "See you on Monday"라고 하면 '아, 바로 돌아오는 월요일에 만나자는 얘기구나'하고 알 수 있다. 이에 비해 부정관사 a를 붙여 on a Saturday라고 하면 그게 꼭 말하고 있는 시점 근처의 토요일이 아닌 경우에 사용된다.

03.
알건 다 알아

Know

알 만한 사람은 다 아는 핵심동사. 뭔가 알거나 모른다(don't know)고 할 때 쓰게 되는 동사로 그 의미자체가 많이 쓰일 수밖에 없는 경우이다. 파생되는 숙어나 동사구의 양은 적으나 know anything about~, I know that~, You don't know that~ 등 실제 회화에서 많이 쓰이는 표현들을 집중적으로 공략하여 언제 어디서든지 입에서 술술 나오게 해야 한다.

 Know 기본개념

01. 알다, 알고 지내다
Do I know you? 절 아세요?
Do you know that? 그거 알고 있어?

02. …에 대해 알고 있다(~of, ~about)
Do you know about that? 그거에 대해 알고 있어?
Do they know about each other? 걔네들이 서로 알아?

03. know that[what~] 주어+동사 …을 알다
I know she made a mistake. 그 여자가 실수했다는 걸 알아.
My God! I don't know what to say. 맙소사! 뭐라 해야 할지 모르겠어.
I know where you live. 네가 어디 사는지 알아.

know it[that]
그걸 알다

물론 이 표현 자체가 숙어는 아니지만 앞서 나오는 이야기를 it이나 that으로 받아서 ~know that(it) 등의 형태로 실제 많이 쓰이기 때문에 그 빈출표현들을 연습해보기로 한다.

✓ 핵심포인트

I know that[it]	그거 알아
I knew that[it]	알고 있었어, 그럴 줄 알았어
I don't know that	난 몰라
You know that[it]	너 알잖아
You know that?	그거 알아?
You don't know that	너 모르잖아
We know that	우리 알고 있어
We knew that	우린 알고 있었어

📋 이렇게 쓰인다!

I didn't know that. But I thought you knew that.
난 모르고 있었지만 넌 알고 있을거라 생각했어.

I didn't know you knew that.
네가 알고 있는 줄 몰랐어.

How do you know that?
어떻게 알았어?

You should know that.
넌 그걸 알고 있어야 돼.

💬 이렇게 말한다!

A: **You're not allowed to have drinks out here.**
B: **Oh, I didn't know that.**
  A: 음료는 밖으로 갖고 나가실 수 없습니다.   B: 어, 몰랐어요.

✏️ 영어문장필사해보기

• 네가 알고 있는 줄 몰랐어.

know 002

know sb
알고 지내다

「…을 알고 있다」는 것은 주로 만나서 잘 알고 있다(be familiar with)는 의미이다. know sb very well은 「…을 잘 알고 지내는 사이다」, 그리고 know each other는 「서로 알고 지내는 사이다」라는 뜻.

✓ 핵심포인트

know sb very well	…을 잘 알다
know each other	서로 알고 지내다
know sb as[for] ~	…로 알고 있다
know sb from	…때 친구다, …때부터 알고 지내는 사이다
don't know sb from Adam	…을 전혀 모르다

📝 이렇게 쓰인다!

Do I know you?/ Don't I know you?
날 아세요?, 어디선가 만난 적이 있지 않나요?

Do you two know each other?
두 분 아는 사이세요?

Where do I know you from?
어디서 뵈었죠?

You look familiar. Do I know you from somewhere?
낯이 익네요. 어디선가 뵌 적 있나요?

I think I know you from college.
대학교 때 알게 된 것 같아.

💬 이렇게 말한다!

A: Is this your first time to meet Cindy?
B: No, but I don't know her very well.
　　A: 신디를 만나는 거 이번이 처음이야?　B: 처음은 아니지만 그리 친하지는 않아.

🖊 영어문장필사해보기

- 두 분 아는 사이세요?

know anything about+
명사 (부정, 의문문형태로) …을 전혀 모르다

부정문이나 의문문에서 쓰이는 표현. 부정문에서는 부정을 강조하는 것으로 「전혀 혹은 아무런 …도 모른다」라는 뜻이며 의문문에서는 「…에 대해 뭐 좀 아는게 있냐?」고 물어볼 때 사용한다.

✅ 핵심포인트

I don't know anything about~	…에 대해 전혀 모르다
I don't know any+명사	아무런 …도 몰라
Do you know anything about ~?	…에 관해 뭐 알고 있는거 있니?
Do you know any+명사?	아는 …가 좀 있어?

📓 이렇게 쓰인다!

I didn't know anything about this, I swear.
난 이거에 대해 전혀 몰라, 정말야.

I don't know anything about playing poker.
포커치는거 전혀 몰라.

You don't know anything about me, do you?
나에 대해 아무것도 모르지, 그지?

Do you know any good restaurants?
좋은 식당 아는데 있어?

Do you know anything about the virus?
그 바이러스에 대해서 뭐 좀 아는 거라도 있니?

💬 이렇게 말한다!

A: **Do you know anything about chemistry?**
B: **Yes, I studied chemistry in college.**
　A: 화학에 대해 뭐 아는게 있어?
　B: 그럼. 대학에서 화학을 공부했지.

✏️ 영어문장필사해보기

• 그 바이러스에 대해서 뭐 좀 아는 거라도 있니?

know 004

know (that) S+V
…을 알다

know 다음에 절(that 주어+동사)이 와서 「…라는 사실을 알고 있다」라고 말하는 방식. 알고 있는 내용이 명사가 아니라 절이라는 점이 know+명사와 다르다.

✓ 핵심포인트

I know (that) S+V	…을 알아
I don't know (that) S+V	…을 몰라
Do you know (that) S+V?	…을 알아?

📝 이렇게 쓰인다!

Please stop. I know that you're lying to me.
그만둬. 거짓말하는거 알아.

My fingers are crossed. I know you really want that job.
행운을 빌게. 네가 원하는 직장이잖아.

I don't know that we can afford a Harley.
할리 오토바이를 살 여력이 되는지 몰랐어.

Do you know that there's no liquor in this house?
집에 술이 없다는 걸 알아?

💬 이렇게 말한다!

A: Tina was very sick after dinner.
B: I don't know that the food made her sick.
　　A: 티나가 저녁 식사후 무척 아팠어.
　　B: 그게 음식 때문인지 모르겠어.

✏️ 영어문장필사해보기

- 행운을 빌게. 네가 원하는 직장이잖아.

know when[where]~
…을 알다

이번에는 의문사를 이용하여 I know what/why/how 주어+동사 형태로 쓰는 표현법으로 앞의 know that 주어+동사보다 훨씬 많이 쓰인다. 다만 의문절이 도치가 아닌 '의문사+주어+동사'의 순서대로 된다는 것에 주의한다.

✓ 핵심포인트

I know what I'm doing	내가 알아서 하는거니까 신경꺼
I know what I'm saying	나도 알고 하는 말이야
I know what you're saying	무슨 말인지 알아, 나도 그렇게 생각해
I know what you're up to	네 속셈 다 알아
You know what I mean?	무슨 말인지 알겠어?
I don't know what you are getting at	무슨 말을 하는 건지 모르겠어
I don't know what's keeping him	걔가 뭣 때문에 늦는지 모르겠어
I know just how you feel	네가 어떤 심정인지 알겠어

📝 이렇게 쓰인다!

I know exactly what you need.
네가 원하는게 뭔지 알겠어.

I don't want to be alone. You know what I'm saying?
난 혼자 있기 싫어. 무슨 말인지 알겠어?

We never know when our life is going to change.
우린 인생이 언제 바뀔지 절대 몰라.

I think I know where they came from.
그것들이 어디서 난 건지 알 것 같아.

I don't even know how I feel about her yet.
난 아직 걔에 대한 감정이 어떤지 잘 모르겠어.

Do you know when the party is?
파티 언제 하는지 알아?

Do you know where the train station is located?
기차역이 어디 있는지 알아?

🗨 이렇게 말한다!

A: Do you know when the train arrives?
B: It's scheduled to be here at 7 a.m.
   A: 기차가 언제 도착하는지 아세요?
   B: 오전 7시에 도착하는 것으로 되어있어요.

A: Do you know where the bookstore is?
B: You can't miss it. It's at the end of this street.
   A: 서점이 어디에 있는지 아세요?
   B: 이 길 끝으로 가시면 틀림없이 찾으실거예요.

A: I can help find your cat.
B: Thanks. I don't know where she is.
   A: 네 고양이를 찾는데 도와줄 수 있어.
   B: 고마워. 어디로 갔는지 모르겠어.

✏ 영어문장필사해보기

• 네가 원하는게 뭔지 알겠어.

• 기차역이 어디 있는지 알아?

You don't know what [how]~ 넌 …을 몰라

특히 You don't know+의문사~는 주로 상대방에게 원망, 비난, 질책을 하면서 쓸 수 있는 말이다. 응용표현으로 You don't know what it's like to+동사(…가 어떤 건지 넌 몰라)가 있다.

✓ 핵심포인트

| You don't know what[how~]~ | 넌 …을 몰라 |
| You don't know what it's like to+동사 | …가 어떤 건지 넌 몰라 |

📒 이렇게 쓰인다!

You don't know that. You don't know me anymore.
넌 그걸 몰라. 넌 더 이상 날 몰라.

You don't know how much I love you.
넌 내가 얼마나 널 사랑하는지 몰라.

You don't know what it's like to have a baby.
애기 낳는게 어떤 건지 넌 몰라.

💬 이렇게 말한다!

A: **Don't take it personally, but you don't know what we are talking about.**
B: **Sorry, I thought you were talking about the expansion.**

A: 기분 나쁘게 생각하지는 말아, 하지만 넌 우리가 무슨 얘기를 하고 있는지 몰라.
B: 미안, 확장 건에 대해서 얘기하고 있는 줄 알았는데.

✏️ 영어문장필사해보기

• 넌 내가 얼마나 널 사랑하는지 몰라.

let sb know~
know 007
…에게 알려주다

「…에게 know 이하의 사실을 알려준다」는 것. 나에게 알려달라는 의미로 let me know~, 네게 알려준다는 let you know~가 있다. 그냥 단독으로 Let me know라고도 쓴다.

✓ 핵심포인트

Let me know if/what~	…을 알려줘
I'll let you know~	…을 알려줄게
I'd like[I want] to let you know~	…을 알려주고 싶어

📓 이렇게 쓰인다!

If you need any help, let me know.
도움이 혹 필요하면 알려줘.

Let me know if she likes it, okay?
쟤가 그걸 좋아하는지 아닌지 알려줘, 응?

I just want to let you know that we are getting married.
단지 우리가 결혼한다는 걸 알려주고 싶어.

I want to let you know how much I care about you.
내가 널 얼마나 아끼는지 알려주고 싶어.

💬 이렇게 말한다!

A: **Let me know if you have any questions.**
B: **I'll keep that in mind.**

A: 질문 있으시면 알려 주세요.
B: 그렇게 할게요.

✏️ 영어문장필사해보기

• 내가 널 얼마나 아끼는지 알려주고 싶어.

know when[how, where] to+V …하는 것을 알아

이번에는 의문사+to+동사가 know의 목적어가 되는 경우이다. I don't know how(what) to~ 혹은 Do you know how to~?로 쓰면 된다

✓ 핵심포인트

I don't know how[what] to+동사　…하는 방법(것)을 몰라
Do you know how to+동사?　어떻게 …하는지 알아?

📝 이렇게 쓰인다!

Leave it to me. I know how to handle it.
내게 맡겨. 그걸 어떻게 처리해야 하는지 알아.

I don't know how to say it in English.
그걸 영어로 어떻게 말하는지 몰라.

I don't know what else to do.
달리 어떻게 해야 할지 모르겠어.

I don't know what to do.
뭘 어떻게 해야 할지 모르겠어.

I don't know what to get her for her birthday.
걔 생일에 뭘 사줘야 할지 모르겠어.

You shouldn't have. I don't know how to thank you.
그럴 필요 없는데. 뭐라 감사해야 할지 모르겠어.

How stupid I am! I don't know what to say.
내가 참 멍청도 하지! 뭐라해야 할지 모르겠어.

I don't know what to say. I really appreciate it.
뭐라 해야 할지 모르겠어. 정말 고마워.

Do you know how to use it?
그걸 어떻게 사용하는지 알아?

Where's Central Park? Do you know how to get there?
센트럴 파크가 어디예요? 거기 어떻게 가는지 알아요?

My computer broke. Do you know how to fix it?
내 컴퓨터가 고장 났어. 그거 어떻게 고치는지 알아?

🗨 이렇게 말한다!

A: We're playing cards. Want to join us?
B: Sure. I know how to play this game.
    A: 카드놀이 하려고 하는데, 같이 할래?
    B: 좋지. 나 이 게임 할 줄 알아.

A: Here's the present I got for your birthday.
B: I don't know how to thank you.
    A: 이거, 네 생일선물야.
    B: 어떻게 감사드려야 할지 모르겠네요.

A: I don't know what to do.
B: You want my advice?
    A: 뭘 어떻게 해야 할지 모르겠어.
    B: 내가 조언해줄까?

✏ 영어문장필사해보기

- 그걸 영어로 어떻게 말하는지 몰라.

- 뭐라 해야 할지 모르겠어. 정말 고마워.

The first thing you need to know is that~
네가 먼저 알아두어야 하는 건 …이야

조금 길지만 알아두면 유용하게 자기의 의사를 전달할 수 있다. The first thing 대신에 Everything 또는 All 등으로 대체해도 된다. 또한 What I'd like to know is~는 내가 알고 싶은 것은 …이다라는 의미.

✔ 핵심포인트

The first thing you need to know is that~	먼저 네가 알아둬야 할 것은 …이다
Everything[All] you need to know is that~	네가 알아두어야 할 모든 것은 …이다
What I would like to know is~	내가 알고 싶은 것은 …야

📓 이렇게 쓰인다!

The first thing you need to know is that you should go there right now.
가장 먼저 네가 알아야 되는 건 네가 당장 거기에 가야 된다는거야.

Everything you need to know is that you have a lot of chances.
네가 알아야 하는 모든 것은 네게 기회가 많다는거야.

What I'd like to know is that you can get the job done.
내가 알고 싶은 건 네가 그 일을 끝낼 수 있느냐는거야.

💬 이렇게 말한다!

A: **The first thing you need to know is that you only get two weeks holiday at this company.**
B: **For a whole year? That's too cruel.**

    A: 네가 먼저 알아두어야 할 건 이 회사에서 휴가는 단 2주뿐이라는거야.
    B: 일년내내? 너무 잔인하다.

✏️ 영어문장필사해보기

• 네가 알아야 하는 모든 것은 네게 기회가 많다는거야.

know 010

know the answer (to)
(…을) 알다

어떤 질문에 답을 안다는 의미로 꼭 문제가 아니더라도 "그거 (답) 나 알아"라는 의미로 쓰인다. 보통 문맥상 앞에 나오는 것을 that으로 받아서 know the answer to that이라고 많이 쓰인다.

✓ 핵심포인트

know answer to~   …에 대한 답을 알고 있다

📒 이렇게 쓰인다!

I think I know the answer to that.
그거 알 것 같아.

I think I know the answer to this question.
이 문제의 답을 알 것 같아.

You know the answer to that.
너 답을 알잖아.

💬 이렇게 말한다!

A: When will we go home?
B: I don't know the answer to that question.
　A: 우리 언제 집에 가지?
　B: 그 문제에 답을 모르겠다.

영어문장필사해보기 ✏️

• 이 문제의 답을 알 것 같아.

know the whole story

…을 잘 알고 있다, …에 밝다

전반적인 스토리를 다 안다는 의미로 …의 자초지종을 잘 알고 있다, …에 밝다라는 의미이다. 비슷한 표현으로는 know what's what, know one's stuff, know the score, know one's way around 등이 있다.

✓ 핵심포인트

I know the whole story — 난 자초지종을 알아
He knows what's what — 그 사람은 진상을 알고 있다

📝 이렇게 쓰인다!

You know your way around a gun.
넌 총에 대해 잘 알잖아.

I know it backwards and forwards.
난 그것에 대해 낱낱이 알아.

I know all the tricks of the trade.
난 필요한 지식과 기술을 갖췄어.

He still doesn't know the whole story.
걘 아직 자초지종을 모르고 있어.

💬 이렇게 말한다!

A: I guess it's all your fault.
B: Will you stop? You don't know the whole story.
　A: 네가 잘못한 것 같아.
　B: 그만해. 잘 알지도 못하면서.

✏️ 영어문장필사해보기

• 난 그것에 대해 낱낱이 알아.

know 012

not know the first thing about …에 대해 아무것도 모르다

「…에 대해 아무것도 모르는 문외한이라는」 것을 강조하는 표현. about 다음에 모르는 사실을 말하면 된다. 비슷한 표현으로 not know the half of~, not know a thing about~ 등이 있다. 단 know a thing or two about~하면 「…에 대해 아주 잘 안다」는 의미가 된다.

✓ 핵심포인트

I(You) don't know the first thing about~ …을 전혀 몰라
I(You) don't know the half of~ …을 잘 몰라

📝 이렇게 쓰인다!

I don't know the first thing about how to use it.
그걸 이용하는 방법을 전혀 몰라.

You don't know the first thing about it.
쥐뿔도 모르면서.

You don't know the half of it.
얼마나 심각한지 네가 아직 몰라서 그래.

I know a thing or two about playing computer games.
난 컴퓨터 게임 잘 알아.

💬 이렇게 말한다!

A: Mary needs help with her computer.
B: I don't know the first thing about computers.
　A: 메리가 컴퓨터 관련 도움이 필요해.
　B: 나는 컴퓨터에 대해서는 전혀 몰라.

✏️ 영어문장필사해보기

• 쥐뿔도 모르면서.

happen to know~
우연히 알다

happen to+동사는 뭔가 「우연히 …을 하다」라는 의미로 I happen to know~하면 「어쩌다 알게 되었음」을 그리고 Do you happen to know~?하면 「혹시 …알아?」라고 물어보는 문장이 된다.

✓ 핵심포인트

I happen to know (about) sth/(that) S+V   어쩌다 …알게 되었어
Do you happen to know (about) sth (that) S+V?   혹시 …알아?

📝 이렇게 쓰인다!

I happen to know you kissed her in the car.
네가 차에서 걔한테 키스하는거 봤어.

Do you happen to know about Jane?
너 혹시 제인 아니?

Do you happen to know if there is a good restaurant around here?
혹시 이 근처에 좋은 식당있는거 알아?

Do you happen to know where I put my glasses?
내가 안경 어디다 뒀는지 알아?

💬 이렇게 말한다!

A: Let's eat at an Italian restaurant.
B: I happen to know of a great place.
    A: 이태리 식당에서 식사하자.
    B: 내가 좋은 곳을 알고 있어.

✏️ 영어문장필사해보기

• 너 혹시 제인 아니?

know better than to~
···할 만큼 어리석지 않다

know better than은 「···보다 더 잘 안다」라는 의미로 「···하지 않을 정도로 알고 있다」, 즉 다시 말하면 「···할만큼 어리석지 않다」라는 말이다. than~ 다음에는 명사가 오거나 to+동사를 붙이면 된다.

✓ 핵심포인트

| know better than to~ | ···할 만큼 어리석지 않다 |

이렇게 쓰인다!

You know better than that.
알만한 사람이 왜 그런 짓을 하니.

I know better than that.
내가 그런 짓을 할 만큼 어리석지 않아.

Of course, she knew better than to say this to her husband.
물론 걔는 남편에게 이것을 말할 정도로 어리석지는 않았어.

You should know better than to let him know.
넌 그걸 걔한테 말하지 않았어야지.

이렇게 말한다!

A: Your children are very well behaved.
B: They know better than to act badly.
　A: 네 얘들은 정말 품행이 좋구나.
　B: 까불기에는 철이 들었지.

영어문장필사해보기 ✏️

• 넌 그걸 걔한테 말하지 않았어야지.

as you (probably) know,
…알다시피,

as you know는 서로 알고 있는 이야기를 할 때 "너도 알다시피"라고 확인시켜주는 숙어이다. 「우리가 알다시피」라고 하려면 as we know라 한다. 참고로 You know하면 말을 꺼내기 앞서 허사처럼 꺼내는 것으로 어, 저, 저기, 저 말야에 해당된다. 또한 as far as sb knows는 「…가 아는 한」이라는 뜻.

✓ 핵심포인트

as you[we] know	알다시피
you know	음, 저, 저기
as far as sb knows	…가 아는 한

📖 이렇게 쓰인다!

As you know, it's my job to interview people.
알다시피 인터뷰하는게 내 일이야.

You know, everything is going to be fine.
음, 모든게 다 괜찮을거야.

As far as I know she didn't show up at the party.
내가 아는 한 걘 파티에 오지 않았어.

As far as I know, he hasn't talked about his job.
내가 아는 한 걘 자기 직업에 대해 얘기한 적이 없어.

💬 이렇게 말한다!

A: **As far as I know** they sent it yesterday.
B: **Then it should arrive later today.**
  A: 내가 알기로는 그들이 어제 그걸 보냈대.
  B: 그럼 오늘 늦게는 도착하겠군요.

📝 영어문장필사해보기

• 내가 아는 한 걘 파티에 오지 않았어.

You know what?
그거 알아?, 근데 말야?

상대방 관심을 불러일으키는 표현으로 You know what?은 놀랍거나 흥미로운 사실을 전달할 때 곧잘 사용된다. 「있잖아?」, 「그거 알아?」라는 의미로 I'll tell you what, Guess what?, You know something?이라고도 한다.

✓ 핵심포인트

You know what?	그거 알아?
You know something?	저기 말야?
I'll tell you what	저기 있잖아, 이러면 어때
Guess what?	그거 알아, 저 말야

이렇게 쓰인다!

You know what? Let's not talk.
있잖아, 얘기하지 말자고.

Guess what? I have a date with Cindy.
그거 알아? 나 신디랑 데이트해.

I'll tell you what. How about we take a walk tonight?
이럼 어때, 오늘 저녁 산책하자.

You know something? I have a date with Gina.
저기 말야, 나 지나랑 데이트있어.

이렇게 말한다!

A: **You know what? I just got promoted.**
B: **Good for you! You deserve it.**
   A: 저 말이야, 나 승진했어.
   B: 잘됐네. 넌 자격이 있잖아.

영어문장필사해보기

• 그거 알아? 나 신디랑 데이트해.

Not that I know of
내가 알기로는 그렇지 않아

완곡하게 부정하는 방식으로 「내가 아는 범위 내에서 그렇지 않다」라는 뜻. 참고로 for all I know는 무관심 표현으로 「모른다」, 「알 바 아니다」, 그리고 before you know it하면 「네가 알기 전에」, 즉 「금세」라는 뜻이다.

✔ 핵심포인트

Not that I know of	내가 알기로는 그렇지 않아
Not that I remember	내 기억으로는 아냐
Not that I saw	내가 봤을 때 그렇지 않아
For all I know	…을 몰라, 알 바 아니야
Before you know it	금세

📝 이렇게 쓰인다!

Not that I know of. Why?
내가 알기로는 아냐. 왜?

For all I know, she's trying to find me.
걔가 날 찾으려고 했는지 모르지.

I'll be back before you know it.
금세 다녀올게.

Not that I saw. He didn't even touch her.
내가 봤을 때 그렇지 않아. 걘 그녀를 만지지도 않았어.

💬 이렇게 말한다!

A: Will Sofia be coming over for dinner tonight?
B: **Not that I know of.**

  A: 소피아가 오늘밤 저녁식사하러 들를까?
  B: 내가 알기로는 그렇지 않아.

✏ 영어문장필사해보기

- 금세 다녀올게.

God (only) knows!
누구도 알 수 없지!

신만이 안다는 이야기는 아무도 모른다는 이야기의 역설적 표현법. 도저히 알 수 없는 상황을 강조해서 말할 때 쓰는 것으로 Nobody knows?, Who knows?, Heaven(Lord/Christ) knows! 등으로 쓰인다. 단, 뒤에 (that) S+V절이 이어질 때는 S+V의 내용을 강조하는 문장이 된다.

✓ 핵심포인트

God[Lord] knows what S+V! …은 아무도 몰라!
God[Lord] knows that S+V! 정말이지 …해!

이렇게 쓰인다!

Nobody knows what she's doing.
걔가 뭘하는지 누가 알겠어.

God only knows what your parents are going to say.
네 부모가 뭐라 할지 누가 알겠어.

God knows I owe you so much.
정말이지 네게 신세진게 많아.

God knows I've made a lot of mistakes with her.
정말이지 난 걔에게 많은 실수를 했어.

이렇게 말한다!

A: **God only knows what my girlfriend will buy.**
B: **Has she gone out shopping again?**
　　A: 내 여친이 뭘 살지 누가 알겠어.
　　B: 걔가 쇼핑하러 또 나갔니?

영어문장필사해보기 ✏️

• 네 부모가 뭐라 할지 누가 알겠어.

know for sure
확실히 알다

알긴 알지만 뭔가 확실히 알고 있을 때 쓸 수 있는 표현. 단독으로 know for sure라고 해도 되고 know for sure if 주어+동사 형태로 쓴다. 자신이 없는 말을 할 때 부정형태로 많이 쓰인다.

✓ 핵심포인트

(not) know for sure	확실히 알다(모르다)
(not) know for sure if S+V	…인지 확실히 알다(모르다)

📝 이렇게 쓰인다!

All we know for sure is that he seems to hate Liz as much as I do.
우리 모두 확실히 아는 건 걔가 리즈를 나만큼 싫어한다는거야.

I think she might be a lesbian but I don't know for sure.
걔가 레즈비언일 수도 있는데 확실히 몰라.

She only suspects something. She doesn't know for sure.
걘 단지 뭔가 의심할 뿐 확실히는 몰라.

I don't know for sure, but I'm willing to give it a try.
확실히는 모르지만, 난 기꺼이 한번 해볼거야.

💬 이렇게 말한다!

A: **I know for sure I'll become a lawyer.**
B: **You'll have to study real hard.**
　A: 내가 변호사가 될 것은 확실해.
　B: 정말로 열심히 공부해야 할거야.

✏️ 영어문장필사해보기

• 걘 단지 뭔가 의심할 뿐 확실히는 몰라.

know about
…에 대해 알다

know about은 「…에 대해 알고 있다」는 뜻. know all about하면 「…대해 다 알고 있다」가 되며 know of하면 「…을 들어서 알고 있다」라는 뜻이 된다.

✓ 핵심포인트

know about	…에 대해 알다
know of	…을 들어서 알다

이렇게 쓰인다!

I don't know about that.
글쎄, 잘몰라.

Who is she? What do we know about her?
걔 누구야? 걔에 대해 뭐 알고 있는 것 있어?

Maybe she'll know of something.
아마 걔가 뭐 좀 알고 있을거야.

What else do you know about your girlfriend?
네 여친에 대해 뭐 더 아는게 있냐?

이렇게 말한다!

A: Do you know of any cool places to hang out?
B: I know of two or three.
　　A: 가서 놀 만한 근사한데 알아?
　　B: 두 세 곳 알지.

영어문장필사해보기 ✎

• 걔 누구야? 걔에 대해 뭐 알고 있는 것 있어?

know 021 be known to[for]
…로 알려지다

know가 수동태로 쓰인 경우로 be known to+동사하게 되면 「…하는 것으로 유명하다」, be known for+명사하게 되면 「…로 유명하다」라는 뜻이 된다.

✓ 핵심포인트
be known to+동사   …하는 것으로 알려지다
be known for+명사   …로 유명하다

📝 이렇게 쓰인다!

The restaurant is well known for its Mexican food.
그 식당은 멕시코 음식을 잘하는 것으로 유명해.

I'm known to be funny.
난 웃기는 놈으로 알려졌어.

She was known for her cooking.
걘 요리하는 것으로 유명해.

He's been known to fire people for that sort of thing.
걘 그런 일로 사람들을 해고하는 것으로 유명해.

💬 이렇게 말한다!

A: **We're going to visit an art museum in Paris.**
B: **Paris is known for its artwork.**
　　A: 우린 파리에 있는 미술관을 가려고 해.
　　B: 파리는 미술 작품으로 유명하지.

✏️ 영어문장필사해보기
- 걘 요리하는 것으로 유명해.

Get More

know the feeling 심정을 알다
I know the feeling. 그 심정 내 알지.

know A from B A와 B를 구분하다
I know right from wrong. 옳고 그른 것을 가릴 줄 안다.

I've never known sb to~ …가 …하는 것을 본 적이 없어
I've never known you to pay money. 네가 돈내는거 한번도 못 봤어.

also known as(a.k.a.) …로도 알려진
You're also known as Tom. 넌 탐이라고도 알려졌어.

know-it-all 다 아는 척하는 사람
I'm smart but I'm not a know-it-all.
똑똑하긴 하지만 다 아는 척하고 다니진 않아요.

What do you know? 1.(about~) …에 대해 아는 것 있어? 2. 놀랍군 3. 네가 뭘 안다고!
You don't know shit. 아무것도 모르면 가만히 있어, 네가 알긴 뭘 알아.
Don't I know it. (말 안해도) 나도 알아, 그런 것쯤은 말 안해도 알아.
Don't you know it! 전적으로 동감이야!, 정말이야!
Don't you know? 네가 알고 있지 않니?, 무슨 말인지 알지?
What do you know? 1. 놀랍군 2. 네가 뭘 안다고!
What's (there) to know? 뻔하잖아?
You never know. 그야 모르잖아, 그야 알 수 없지.
You tell me. (I don't know) 그거야 네가 알지.
How should I know? 내가 어떻게 알아?
(I) Wouldn't know. 알 도리가 없지, 그걸 내가 어떻게 알겠니.
That's good to know. 알게 돼서 기뻐.

04.
허락해주거나 받거나

Let

사역동사라는 느낌이 별로 들지 않는 사역동사. let sb[sth]의 형태로 쓰이는데 주로 「내가 …할게」라는 뜻의 Let me+동사~, 그리고 「내가 너한테 …해줄게」라는 뜻의 I will let you+동사~ 형태로 쓰인다. 또한 Let's+동사는 「우리 …을 하자」라는 의미로 Why don't we~?와 같은 의미. Let's~는 원래 Let us+동사~가 축약되어 Let's가 된 것이다.

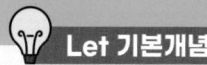 **Let 기본개념**

01. 허락하다, …하게 하다(let sb do)
Let me take care of it. 내가 처리할게.
Let me do this for you. 널 위해 내가 이거 해줄게.

02. …하자(Let's do), …하지 말자(Let's not do)
Let's go to the coffee shop around the corner.
모퉁이에 있는 커피숍으로 가자.

03. …하게 하다(let ~ 부사)
Stop the boat. Let me out. 배를 멈춰. 날 내보내줘.
Please let me in. 제발 날 들여보내줘.

let me+동사
내가 …할게

Let me+동사하면 「내가 …을 하도록 허락해 달라」라는 뜻. 어떤 행동을 하기 앞서 상대에게 자신의 행동을 미리 알려주는 표현법. 「도와줄게」는 Let me help you, 「내가 생각 좀 해볼게」는 Let me think about it이라 하면 된다.

✓ 핵심포인트

Let me check~	…을 확인해볼게
Let me know~	…을 알려줘
Let me think ~	…을 생각해볼게
Let me try~	…을 해볼게

📝 이렇게 쓰인다!

I think I can fix it. Let me take a look.
그거 고칠 수 있을거야. 한번 보여줘.

Would you mind letting me check your bag?
가방을 확인해봐도 될까요?

Let me think it over again.
그거 다시 한번 생각해볼게.

I believe I can do it. Let me try.
나 할 수 있어. 해볼게.

💬 이렇게 말한다!

A: Do you know when the next flight leaves?
B: Just a moment. Let me check.
   A: 다음 비행기는 언제죠?
   B: 잠깐만요. 확인해볼게요.

✏️ 영어문장필사해보기

• 가방을 확인해봐도 될까요?

let you+동사
네가 …하도록 할게

이번에는 「네가 …하도록 하겠다」라는 의미의 let you+동사. I'll let you+동사 혹은 I'm going to let you+동사 형태로 많이 쓰인다.

✓ 핵심포인트

I will let you+동사	네가 …하도록 할게
I'm not going to let you+동사	네가 …하지 못하도록 할게
I want to let you know that S+V	…을 네게 알려주고 싶어

📓 이렇게 쓰인다!

I will not let you get away with this.
네가 무사히 넘어가지 못하게 할거야.

We will let you know that later.
나중에 알려줄게.

I will let you know when I find her.
내가 걜 찾으면 알려줄게.

I just want to let you know that I'm your key player.
난 당신의 주전선수라는 것을 알려주고 싶어요.

💬 이렇게 말한다!

A: I wanted to let you know I'm getting divorced.
B: But why? You seemed so happy with your husband.

　A: 내가 이혼한다는 사실을 알려주고 싶었어.
　B: 왜? 남편과 행복한 것처럼 보였는데.

✏️ 영어문장필사해보기

• 네가 무사히 넘어가지 못하게 할거야.

let 003 | let that[this, it] happen
그런 일이 일어나게 하다

let 다음에 앞서 언급한 사항을 that[this] 혹은 it으로 받아 let that[this, it] happen하게 되면 「…일이 일어나게 하다」라는 뜻. 주로 not let~ happen 형태로 써서 「그런 일이 일어나지 않게 하다」라는 의미로 많이 쓰인다.

✓ 핵심포인트

let that[this, it] happen	…가 일어나게 하다
not let that[this, it] happen	…가 일어나지 못하게 하다

📋 이렇게 쓰인다!

Sorry about that. I won't let it happen again.
미안해. 다신 그런 일 없을거야.

Just don't let it happen again, all right?
다시 그런 일 없도록 해, 알았지?

We're not going to let that happen. I promise you.
다시는 그런 일 없을거야, 약속해.

He says you let it happen.
걔가 네가 그랬다는대.

🗣 이렇게 말한다!

A: I'm so sorry. I forgot to call you last night.
B: Don't let it happen again! I was worried.

A: 정말 미안해. 지난밤에 전화하는 걸 잊었어.
B: 다신 그러지마! 걱정했잖아.

✏️ 영어문장필사해보기

• 다시 그런 일 없도록 해, 알았지?

Don't let sb[sth]+동사
…가 …하지 못하게 해

let의 부정형태로 Don't let sb[sth]+동사하면 「…가 …하지 못하도록 해」라는 말로 의역하면 「…때문에 …하지마」, 「…가 …하지 못하게 하다」라는 의미이다.

✓ 핵심포인트

Don't let sb+동사	…가 …하지 못하도록 해
Don't let sth+동사	…때문에 …하지마

📓 이렇게 쓰인다!

Don't let it bother you!
너무 신경 쓰지마!

Don't let her drink anymore!
걔가 술 더 못 마시게 해!

Don't let her be with you. She's a real bitch.
걔가 근처에 못오게 해. 정말 못된 년이야.

Don't let your stupid pride get in the way of you asking for help.
네 멍청한 자존심 때문에 도움도 못 청하지 않도록 해.

💬 이렇게 말한다!

A: Emma really drank a lot of beer tonight.
B: I know. Don't let her drive her car home.
   A: 엠마가 오늘 밤에 정말 맥주 많이 마셨어.
   B: 알아. 집에 차갖고 못 가게 해.

✏️ 영어문장필사해보기

• 걔가 술 더 못 마시게 해!

Let's+동사

···하다

Let's~는 Let us의 축약된 형태로 뭔가 함께 행동을 하자고 할 때 쓰는 표현. 「(우리) ···하자」라는 의미로 함께 가자고 할 때는 Let's go, 나중에 이야기하자고 할 때는 Let's talk later라고 말하면 된다.

✓ 핵심포인트

Let's+동사	···하자
Let's not+동사	···하지 말자

📒 이렇게 쓰인다!

Let's get together again soon.
곧 다시 만나자.

Let's do that now and then go for a coffee.
지금 하고 나서 커피 마시러 가자.

Let's call it a day and get some beer.
그만 퇴근하고 맥주 좀 먹자.

Let's not think about it.
그건 생각하지 말자.

💬 이렇게 말한다!

A: What would you like to do tonight?
B: **Let's** go and watch a movie.
   A: 오늘 밤 뭐할래?
   B: 영화 보러 가자.

✏️ 영어문장 필사해보기

- 그만하고 맥주 좀 먹자.

Let's face it
받아들이자, 현실을 직시하자

인정하고 받아들이기 쉽지 않은 일을 받아들여야 할 경우에 쓰는 표현. Let's face it이라고 말한 다음에 받아들여야하는 현실의 내용을 말하면 된다.

✓ 핵심포인트

| Let's face it | 받아들이자, 현실을 직시하자 |

📋 이렇게 쓰인다!

Let's face it. She's going to leave someday.
현실을 직시하자고. 걘 언젠가 떠날거야.

Let's face it. They're not going to help us.
현실을 직시하자고. 개네들은 우릴 돕지 않을거야.

Let's face it. You are not going to find anyone around you.
현실을 직시하자고. 네 주변에 아무도 없을거야.

Let's face it. We drive each other crazy.
현실을 직시하자고. 우리는 서로를 미치게 하잖아.

💬 이렇게 말한다!

A: Martha and Adam are always fighting.
B: **Let's face it.** They don't like each other.

　　A: 마사와 아담은 항상 싸우고 있어.
　　B: 현실을 보자구. 개네들은 서로 싫어하고 있잖아.

✏️ 영어문장필사해보기

- 현실을 직시하자고. 개네들은 우릴 돕지 않을거야.

Let me see

(잠깐 생각해보며) 어디 보자, 뭐랄까, 그러니까 그게

직역하면 나한테 보여 달라는 것이지만 see의 목적어 없이 단독으로 쓰이면 주로 뭔가 생각을 더듬거나 뭔가 기억을 해내려 할 때 사용하는 표현이다. Let's see라고도 한다.

✓ 핵심포인트

Let me see	뭐랄까
Let's see	어디 보자

📝 이렇게 쓰인다!

Let me see, how about four o'clock?
글쎄요, 4시는 어때요?

What is it? Let me see.
뭐야? 한번 보자.

Let me see. I think it was about seven months ago.
그러니까. 7개월 전인 것 같아.

Let me see. Come on. Take a seat and show me.
어디보자. 어서. 자리에 앉아 내게 보여줘.

💬 이렇게 말한다!

A: Where should I put this package?
B: Let me see. Put it on top of the table.
　A: 이 꾸러미를 어디에 놓아야하나요?
　B: 어디 보자. 테이블 위에 놓아주세요.

✏️ 영어문장필사해보기

• 글쎄요, 4시는 어때요?

Let me see sth
…을 보여줘 봐, …좀 보자

이번에는 Let me see~ 다음에 명사가 이어 나오는 것으로 앞의 단독으로 쓰이는 경우와는 달리 뒤에 이어지는 「명사」를 내게 보여 달라는 의미가 된다.

✓ 핵심포인트

Let me see[Let's see]+명사	…을 볼게, 보여줘
Let me see that	그거 한번 보자

📓 이렇게 쓰인다!

Let me see it again, if you don't mind.
네가 괜찮다면 다시 한 번 볼게.

Let me see your license and registration please.
면허증과 등록증 좀 보여주실래요?

That is so funny. Let me see that.
정말 웃긴다. 이리 줘봐.

Let me see your badge.
신분증을 보여주세요.

💬 이렇게 말한다!

A: **Let me see your new apartment.**
B: OK, but it hasn't been cleaned yet.
　A: 네 새 아파트 좀 보여줘.
　B: 그래. 근데 아직 청소를 하지 않았어.

✏️ 영어문장필사해보기

• 면허증과 등록증 좀 보여주실래요?

Let me see if~

…을 확인해보다, …을 알아보다

「…인지 아닌지 알아보다」는 의미. 확정되지 않은 것이나 확실하지 않은 것들을 if 이하에 넣으면 된다. Let's see if~라고 해도 된다. 또한 if 대신 what이나 how 등을 쓰기도 한다.

✓ 핵심포인트

Let me[Let's] see if~	…을 확인해보다, …을 알아보다
Let me[Let's] see what[how]~	…을 알아보다

📝 이렇게 쓰인다!

All right, let me see if I understand this correctly.
좋아, 내가 제대로 이해했는지 보자고.

Let me just see if I got this straight.
내가 제대로 이해했는지 볼게.

Let's see how she handles this.
걔가 어떻게 이걸 처리하는지 보자고.

Let's see what happens.
무슨 일인지 보자고.

Let me see that!
내가 좀 볼게!

Let me see it again.
다시 한번 볼게.

OK, let's see yours again.
좋아, 네 것 좀 다시 보여줘.

Let me see what I can do.
내가 할 수 있는게 뭔지 볼게.

Let me see what I got.
내게 뭐가 있는지 알아볼게.

💬 이렇게 말한다!

A: Let me see what you've come up with.
B: It's not much, but it's a start.
A: 네가 어떤 안을 내놓았는지 한번 보자. B: 대단하진 않아. 하지만 이건 시작이니까.

Let me (just) say
말하자면

뭔가 말을 꺼낼 때 사용하는 표현. 단독으로도 쓰이지만 Let me say just this(한 말씀드리죠), Let me say again(다시 말하자면), 혹은 Let me say goodbye처럼 말하려는 내용을 Let me say 다음에 말하면 된다.

✓ 핵심포인트

Let me say	말하자면
Let me say that S+V	…라고 말할 수 있다

📓 이렇게 쓰인다!

Let me say, I am a great lover of soccer.
말하자면, 난 축구를 아주 즐겨봅니다.

Let me say this. I am a proud American.
한 말씀드리죠. 난 자랑스러운 미국인입니다.

Let me just say again. I love your house.
다시 말하자면 당신 집이 좋아요.

Let me say it again. It's not here.
내 다시 말할게. 그거 여기 없어.

💬 이렇게 말한다!

A: **Have you decided who to vote for?**
B: **Let me say this. I don't like any candidates.**

    A: 누구를 찍기로 결정했니?
    B: 말하고 싶은 것은 어떤 후보도 마음에 들지 않는다는거야.

✏️ 영어문장필사해보기

• 다시 말하자면 당신 집이 좋아요.

let 011

Let's (just) say~
…라고 하자, …라고 가정해보자

이번에는 Let me say~에서 me 대신 us가 들어간 경우로 이는 Let's say로 축약된다. 「…라고 하자」라는 의미로 뭔가 한 예나 가정을 들 때 사용하면 된다. 주로 say 다음에 문장을 넣지만 명사가 오기도 한다.

✓ 핵심포인트

Let's say hello to sb	…에게 인사하다
Let's say S+V	…라고 하자

📋 이렇게 쓰인다!

Let's say I bought a really great pair of shoes.
가령 내가 아주 멋진 구두를 샀다고 하자.

Let's say we do.
우리가 한다고 하자.

Let's say she didn't break the window. Who did?
걔가 창문을 안 깼다면 누가 그랬을까?

Let's say we leave him here. What will happen?
우리가 걜 여기다 두고 가면 무슨 일이 벌어질까?

💬 이렇게 말한다!

A: Is Cheryl really going to get divorced?
B: **Let's just say** she doesn't live with her husband.

　A: 쉐릴이 정말로 이혼할까?
　B: 걍 걔가 남편하고 살지 않는다고 하자.

✏️ 영어문장필사해보기

- 우리가 걜 여기다 두고 가면 무슨 일이 벌어질까?

let ~ go
해고하다, 잊어버리다

let ~ go는 「…을 가게 하다」라는 말. let sb go하면 「…을 가게 하다」라는 뜻으로 경찰이 말하면 「놓아주다」, 사장이 말하면 「해고하다」라는 뜻이 된다. 또한 let it go하면 「잊어버리다」, 「그냥 놔두다」라는 뜻으로 쓰인다.

✓ 핵심포인트

let sb go	…을 가게 하다, 해고하다
let it go	잊어버리다, 그냥 놔두다
let go of	해고하다, 놓아주다

이렇게 쓰인다!

My boss let him go this morning.
우리 사장이 오늘 아침 그 사람을 해고했어.

Don't let him go! I still need him yet.
걔 가게 하지마!, 아직은 그래도 걔가 필요해.

(Would you) Let it go.
그냥 잊어버려, 그냥 놔둬.

You should let go of your anger.
분노를 떨쳐버려야 돼.

이렇게 말한다!

A: **You should let your son go on the trip.**
B: **But I'm worried he might have problems.**
　A: 네 아들 여행을 가게 해야 돼.
　B: 그런데 문제가 생길까 두려워.

영어문장필사해보기

• 걔 가게 하지마!, 아직은 그래도 걔가 필요해.

let alone~
···은 말할 것도 없이

부정표현 다음에 let alone을 붙인 다음 앞의 내용보다 더 못한 것을 말하면 된다. 즉 not A~ let alone B라고 하면 "B는 말할 것도 없이 A도 아니다"란 뜻. B형태는 앞의 형태에 따라 동사, ~ing, 명사 등이 올 수 있다.

✓ 핵심포인트

let alone+동사/~ing/명사   ···은 말할 것도 없이

📖 이렇게 쓰인다!

We were barely speaking, let alone having sex.
우린 섹스는 말할 것도 없이 말도 거의 안 해.

She's not even going to school, let alone not doing homework.
걘 숙제 안하는 건 말할 것도 없고 학교에 가지 않으려고 해.

She can barely take care of herself, let alone a kid.
걘 애는 고사하고 자기 자신도 돌보지 못해.

He wouldn't get out of bed, let alone get out of the house.
걘 외출하기는커녕 침대에서만 뒹글거리려고 해.

💬 이렇게 말한다!

A: Is he going to graduate this year?
B: He won't pass his classes, let alone graduate.
　　A: 걔가 금년에 졸업하게 될까?
　　B: 졸업은 커녕 수료도 못할거야.

영어문장필사해보기 ✏️

• 걘 숙제 안하는 건 말할 것도 없고 학교에 가지 않으려고 해.

let sb in[out]
…을 들여보내다, 내보내다

let sb 다음에 동사가 아닌 부사가 나온 경우로 let sb in하면 「…을 들여보내다」, let sb out하면 「…을 내보내다」라는 뜻이 된다. let sb 다음에 get을 넣어도 된다.

✓ 핵심포인트
let sb in	…을 들여보내다
let sb out	…을 내보내다
let sb in on	…에게 …의 비밀을 누설하다

📓 이렇게 쓰인다!

I lost my key. Let me in, please.
열쇠를 잃어버렸어. 제발 들여보내줘.

Who let you in?
누가 널 들여보냈어?

Let me get out of here right now. You let me out.
지금 당장 날 내보내줘. 내보내줘.

I'm going to let you in on a little secret.
작은 비밀 하나 알려줄게.

💬 이렇게 말한다!

A: **Let me in!** It's really cold outside.
B: How long have you been standing outside my door?

　A: 들여보내줘! 밖이 너무 추워.
　B: 내 문 앞에 얼마동안 서 있었던거니?

📝 영어문장필사해보기

• 열쇠를 잃어버렸어. 제발 들여보내줘.

let sb down
…를 실망시키다

역시 let sb 다음에 부사가 온 경우로 let sb down하게 되면 「…의 기대를 못미쳐 실망시키는」 것을 말한다. ~let me down, ~let you down의 형태로 주로 쓰인다.

✓ 핵심포인트

Don't let me down   기대를 저버리지마
I will not let you down   실망시키지 않을게
What a letdown!   참 실망이다!

이렇게 쓰인다!

I'll try not to let you down.
실망시키지 않도록 할게요.

You let me down this year, Jimmy.
지미야 넌 올해 날 실망시켰어.

You didn't let me down. You did the right thing.
넌 날 실망시키지 않았어. 제대로 했어.

I'm sorry I let you down, Mom.
죄송해요, 엄마, 실망시켜서요.

이렇게 말한다!

A: Don't let me down.
B: Don't worry. I'll get it done for you.
    A: 실망시키지마.
    B: 걱정 마. 널 위해서 해낼 테니까.

영어문장필사해보기 ✏️

- 지미야 넌 올해 날 실망시켰어.

let sb off
…을 놓아주다, …을 봐주다, 내보내다

잡지 않고 놓아준다(off)는 의미로 「…을 봐주다」라는 의미로 쓰인다. let sb off the hook도 같은 의미. 한편 물리적으로 「…에서 내보내다」라는 뜻으로 사용된다.

✓ 핵심포인트

let sb off	…을 놓아주다, 봐주다, 내보내다
let sb off the hook	…을 놓아주다

📓 이렇게 쓰인다!

I'm not going to give you a ticket. I'm going to let you off with a warning.
딱지 안 끊고 경고만 하고 봐줄게요.

My boss let me off early, so I took the plane.
사장님이 일찍 보내줘서 비행기를 탔어.

Let her off the plane!
비행기에서 걜 내려줘요!

💬 이렇게 말한다!

A: **The bus will let me off near your house.**
B: **Well, come on over and visit me.**
　　A: 버스타면 네 집 근처에 내려줄거야.
　　B: 그래. 한번 놀러 와.

✏️ 영어문장필사해보기

• 사장님이 일찍 보내줘서 비행기를 탔어.

let sth out
밖으로 내보내다, (맘속을) 털어놓다, (소리) 지르다

…을 밖으로 내보내게 한다는 의미로 「맘속에 있던 것을 털어놓거나 꺼내놓다」라는 의미로 많이 쓰인다. 또한 「소리나 비명을 지르다」, 「해고하다」 등의 의미로도 사용한다.

✓ 핵심포인트

| let sth out | 밖으로 내보내다, 털어놓다 |

📝 이렇게 쓰인다!

Honey, you can let it out.
자기야, 털어놔봐.

It's all right. Let it out.
괜찮아 털어놔.

Come on, let it out.
자 그러지 말고 털어놔.

Do you think we'll feel better if we cry? You know like just let it out?
울고 나면 기분이 나아질까? 다 털어버리면 말야.

🗣 이렇게 말한다!

A: It rained all over my shopping bags.
B: Tilt them over and let the water out.
    A: 내 쇼핑 백들이 온통 비에 젖었어.
    B: 눕혀 보면 물이 빠질거야.

✏ 영어문장필사해보기

- 괜찮아 털어놔.

Get More

▶ **let loose** 풀어놓다, 놓아주다, 드러내다

She is let loose last weekend. 걘 지난 주말에 풀려났어.
The college kids let loose after their exams end.
그 대학생들은 시험이 끝난 후에 풀어졌어.

▶ **let it slip** 무심결에 말해버리다

Cindy let it slip that you're in love with Jane.
신디가 실수로 네가 제인을 사랑한다고 말했어.

▶ **let sb in on** …에게 …의 비밀을 누설하다

I'm going to let you in on a little secret. 작은 비밀 하나 알려줄게.

▶ **let up** 멈추다

The rain outside hasn't let up. 밖의 비가 멈추지 않았어.
We'll go outside after the storm lets up.
우리는 폭풍이 지나간 후에 외출할거야.

(Don't) let the cat out of the bag.
(무심코 말해버리는 일이 없도록 해) 어떤 사실, 비밀 등을 폭로하다.

Live and let live. 넓은 마음으로 서로 참고 사는거지.

Let that be a lesson to you. 그걸 교훈삼아.

05.
꼬~옥 잡아줘요

Hold

> 손에 잡는다라는 뜻이 가장 기본. hold sth in one's hands[arms] 하면 손[팔]에 안고 있는 것을 말한다. 여기서 파생하면 잡다, 갖다, 붙잡다, 참다 등 다양한 의미로 확장된다. 특히 사물이 주어일 때는 「…을 수용하다」라는 뜻이 되며 앞의 keep 동사처럼 hold sth+형용사 형태로 「…을 …상태로 유지하다」라는 것으로도 쓰인다.

 Hold 기본개념

01. 손에 쥐다, 잡다, 소유하다, 갖다
Will you hold this for a sec? 잠깐 이것 좀 들고 있어줘.
I'm sorry, but could you hold the door?
미안하지만, 문 좀 잡아줄래요?

02. (회의, 모임) 열다, 개최하다, 붙잡다, 억누르다
The office party will be held tomorrow. 사무실 회식이 내일 있어.
Hold your breath! 숨을 참아봐!

03. …의 상태를 유지하다 (hold A ~)
Hold the window open. 창문을 열어 놓아.

04. (사물주어+) 지탱하다, 수용하다
This meeting room can hold 100 people. 이 회의실에는 100명이 들어가.
This car can hold at least 6 people. 이 차는 적어도 6명이 타.
The bridge won't hold the dump truck. 이 다리는 덤프트럭이 지나갈 수 없어.

hold sb[sth] in one's hand …을 손에 쥐고 있다

가장 기본적인 의미가 가장 많이 쓰이는 법. hold는 「…을 (손으로) 잡다, 들다」라는 말로 뒤에 in one's hand, in one's arms 등의 부사구와 함께 많이 쓰인다. 당연히 hold+sth으로 「…을 잡다」라는 뜻이 된다.

✓ 핵심포인트

| hold~in one's hands[arms] | …을 손[팔]에 잡고 있다 |
| hold~tight[close] | …을 꽉잡다 |

📓 이렇게 쓰인다!

She is holding a shopping bag in her right hand.
걘 오른손에 쇼핑백을 들고 있어.

She is holding a pillow in her arms.
걘 팔에 베개를 안고 있어.

Hold her in your arms, kiss her, smell the scent of her.
팔에 걜 안고, 키스하고 그녀의 냄새를 맡아봐.

Can you hold the baby? Hold him tight.
애 안을 수 있어? 꽉 잡아.

💬 이렇게 말한다!

A: Look at the ring my boyfriend gave me.
B: Wow, let me hold it in my hand for a minute.
   A: 내 남친이 준 반지를 봐.
   B: 와, 잠깐만 줘봐.

✏️ 영어문장필사해보기

• 걘 오른손에 쇼핑백을 들고 있어.

hold 002

hold a meeting

회의를 열다

어떤 모임이나 회합이 열리는 것을 뜻하는 것으로 주로 meeting, party, ceremony, funeral, race 등이 hold의 목적어가 된다. have를 쓰는 것보다는 formal하지만 일반적으로 많이 쓰인다.

✓ 핵심포인트

hold a meeting   회의를 열다

📝 이렇게 쓰인다!

We'll hold our Christmas party on the 24th.
우린 24일 크리스마스 파티를 열거야.

The manager will hold a meeting for the new staff.
매니저는 새로운 직원들을 위해 회의를 열거야.

I told my mom not to hold a birthday party for me.
난 엄마보고 생일파티 하지 말라고 했어.

She plans to hold a slumber party this weekend.
걔는 이번 주말에 하룻밤 자는 파티를 계획하고 있어.

💬 이렇게 말한다!

A: **The company is experiencing many problems.**
B: **We'll hold a meeting to discuss the problems tonight.**

    A: 그 회사는 많은 문제를 안고 있어.
    B: 오늘 밤 그 문제들을 협의하기 위해 우린 회의를 개최할거야.

✏️ 영어문장필사해보기

- 우린 24일 크리스마스 파티를 열거야.

hold sb
…을 가지 못하게 잡아두다

hold sb하면 「…을 가지 못하게 잡아두는」 것을 말하는데 hold sb hostage하면 「인질로 …을 잡아두다」, hold sb prisoner는 「투옥시키다」라는 뜻이 된다.

✓ 핵심포인트
hold sb hostage 인질로 …을 잡아두다
hold sb prisoner …을 투옥시키다

📋 이렇게 쓰인다!

Hold them right there. I'm on my way.
걔네들 거기 잡아둬. 지금 가고 있어.

We captured them. We're **holding them** over at my place.
우리가 걔네들을 잡고 있어. 내 집에 데리고 있어.

I'm not sure **holding me hostage** is your best option.
나를 인질로 잡는게 최선인지 모르겠어.

The girl **was held hostage**.
그 소녀는 인질로 잡혀있어.

💬 이렇게 말한다!

A: Have the students left the classroom?
B: No, we're **holding them** until their parents come.

A: 학생들이 교실을 나갔어요?
B: 아니요. 부모님들이 오실 때까지 학생들을 데리고 있을 겁니다.

✏️ 영어문장필사해보기

• 걔네들 거기 잡아둬. 지금 가고 있어.

hold 004
hold still
가만히 있다, 기다리다

hold는 keep처럼 어떤 상태를 유지한다는 뜻이 있어 hold+형용사하면 「…한 상태로 계속되다」라는 뜻을 갖는다. hold good은 「유효하다」 그리고 hold still은 「가만히 있다」라는 뜻으로 keep still이라고도 한다.

✓ 핵심포인트

hold good	유효하다
hold true	사실이다
hold still	가만히 있다

📒 이렇게 쓰인다!

Calm down. Hold still.
침착하고 가만있어.

Whatever it is, one thing holds true.
그것이 무엇이든 간에 한 가지는 진실야.

You're drunk. Hold still.
너 취했구만. 좀 가만히 있어.

How can I hold still when you're touching me?
네가 날 만지는데 어떻게 가만히 있어?

💬 이렇게 말한다!

A: I don't want you to cut my hair.
B: Hold still and let me get started.
    A: 내 머리를 자르지 마세요.
    B: 가만히 있어라. 시작 좀 하게.

✏️ 영어문장필사해보기

• 너 취했구만. 좀 가만히 있어.

hold sb responsible
···가 책임이라고 생각하다

hold sb responsible (for)는 「···에 대해 ···가 책임이라고 생각하다」라는 좀 어려운 숙어. 또한 수동형으로 be held responsible[accountable] for sth이라고 해도 된다.

✓ 핵심포인트

hold sb responsible	···가 책임이라고 생각하다
hold sth[sb] steady	계속 ···하다
hold sb still	···을 가만히 있게 하다

📝 이렇게 쓰인다!

I'm going to hold you responsible.
네가 책임져야 된다고 생각해.

No, I don't hold her responsible.
아니, 걔가 책임져야 된다고 생각하지 않아.

Hold it steady.
움직이지 않게 계속 잡고 있어.

Hold him still!
걔 어디 가지 못하게 해!

💬 이렇게 말한다!

A: Who broke the window on the house?
B: The owners are holding their son responsible.

A: 누가 그 집의 창문을 깨트렸니?
B: 집 주인은 자기 아들이 책임이 있다고 생각해.

영어문장필사해보기 ✏️

• 아니, 걔가 책임져야 된다고 생각하지 않아.

hold 006
hold your breath
숨을 죽이다, 숨을 참다

여기서 hold는 「억제하다」, 「참다」라는 뜻으로 hold one's breath하면 「숨을 참다」, 「긴장하다」, not hold one's breath하면 「겁먹지 않다」, 「진정하다」라는 의미와 함께 너무 오랫동안 참지 말라는 뜻도 가지고 있다.

✓ 핵심포인트

hold one's breath	숨을 참다, 긴장하다
not hold one's breath	진정하다

📖 이렇게 쓰인다!

I can hold my breath for 10 minutes.
10분간 숨을 멈출 수 있어.

Okay, this is going to be tough. Hold your breath.
그래. 이거 쉽지 않을거야. 긴장하라고.

I want you to close your eyes and hold your breath.
눈을 감고 숨을 멈춰봐.

How long can you really hold your breath for?
넌 정말 얼마동안 숨을 참을 수 있어?

💬 이렇게 말한다!

A: I would like to marry a rich guy.
B: Sure, but don't hold your breath.
  A: 나는 부자하고 결혼하고 싶어.
  B: 그래. 다만 너무 오랫동안 기대하지는 말아라.

✏️ 영어문장필사해보기

• 그래. 이거 쉽지 않을거야. 긴장하라고.

hold sth against sb
(과거에 받은 상처로) 잊지 않고 계속 싫어하다

소심한 사람을 위한 표현. 과거에 상대방이 한 못된 짓에 상처받아 용서하지 않고 계속 마음 속에 담아두고 싫어하는 것을 말한다. 주로 hold it[that] against sb 형태로 많이 쓰인다.

✓ 핵심포인트

| hold sth against sb | 잊지 않고 계속 싫어하다 |

📓 이렇게 쓰인다!

I won't hold it against you.
널 원망하진 않을거야.

I don't think you should hold that against him.
걔 말 꽁하게 마음 속에 담아두지마.

I said I didn't hold it against her.
난 걔한테 감정 없다고 말했어.

She won't hold it against you. After all, you're her daughter.
엄마는 널 원망하진 않을거야. 어쨌거나 네가 딸이니까.

💬 이렇게 말한다!

A: I heard that your mom wrecked your car.
B: She did, but I don't hold it against her.
　A: 네 엄마가 네 차를 부셔버렸다며.
　B: 어. 그래도 엄마를 원망하지는 않아.

📝 영어문장필사해보기

• 걔 말 꽁하게 마음 속에 담아두지마.

hold 008

hold back
저지하다, (감정) 억제하다, 자제하다, 망설이다, 감추다

「뭔가 진행되는 것을 막는다」는 뜻으로 데모 군중을 저지하거나 감정을 억제하거나 혹은 조심스럽게 망설이는 것 등을 말한다. 또한 비밀로 뭔가 말하지 않고 숨긴다(keep sth secret)는 뜻으로도 많이 쓰인다.

✓ 핵심포인트

hold sth back	저지하다, 감정숨기다, 숨기다
hold sb back	저지하다, 막다, …가 …하지 못하게 하다
hold back	신중하여 망설이다

📝 이렇게 쓰인다!

She could barely hold back the tears.
걔는 눈물을 참을 수가 없었어.

Did he hold back information on this issue?
이 문제에 대한 정보를 걔가 숨겼어?

I didn't hold back. I named names.
난 숨기지 않았어. 이름을 다 댔어.

Please don't hold back.
감추지 말고 다 얘기하세요.

💬 이렇게 말한다!

A: They asked me to give some money for their trip.
B: I think you should hold back on paying.
  A: 걔들이 여행하는데 돈을 좀 달라고 요청했어.
  B: 돈주는데 신중해야할 것으로 생각해.

✏️ 영어문장필사해보기

• 걔는 눈물을 참을 수가 없었어.

hold down
제지하다, 억누르다, (직업 등을) 계속 유지하다

밑으로 누르고 잡고 있는 것을 연상하면 된다. 도망가는 사람을 제지하고 잡거나 물가 등이 오르는 것을 억누르거나 하는 등의 의미. 또한 hold down a job하게 되면 「계속 직업을 갖는」 것을 말한다.

✓ 핵심포인트

hold sth down	고정시키다, (가격상승 등) 막다
hold sb down	제지하다, (자유 등) 억압하다
hold down a job	계속 직업을 유지하다

🗒 이렇게 쓰인다!

He couldn't hold down a job. The boss has been so hard on him.
걘 계속 직장을 다니지 못했어. 사장이 너무 괴롭혀서.

Hold him down before he runs away.
걔가 도망가기 전에 걔를 꽉 잡고 있어.

He held me down by one arm.
걘 한 손으로 날 꼼짝 못하게 했어.

They held her down trying to keep her quiet.
걔네들은 그녀를 조용하게 하려고 꼼짝 못하게 했어.

💬 이렇게 말한다!

A: The neighbors are always too loud.
B: Have you asked them to hold down the noise?
　A: 이웃들이 항상 너무 시끄러워.
　B: 그들에게 소음 좀 삼가해달라고 요청했었니?

✏ 영어문장필사해보기

• 걘 계속 직장을 다니지 못했어. 사장이 너무 괴롭혀서.

hold off
미루다, 연기하다

주로 뭔가 「미루다」, 「연기하다」라는 뜻으로 쓰이며 미루는 대상은 hold off 다음에 on sth 혹은 (on) ~ing를 붙이면 된다. 그밖에 「…을 막다」, 「가까이 오지 못하게 하다」, 혹은 「(비 등이) 내리지 않다」라는 의미로 쓰인다.

✓ 핵심포인트

hold off on sth	미루다, 연기하다
hold off on ~ing	…하는 것을 미루다

📝 이렇게 쓰인다!

I'll hold off until Monday to report to the boss.
사장에게 보고하는 걸 월요일까지 미룰게.

Can you just hold off for a second?
잠시 미룰 수 있어?

I can't hold off on talking to him anymore.
걔한테 말하는 걸 더 이상 미룰 수 없어.

I have been holding off on asking her out.
걔한테 데이트 신청하는 걸 계속 미루고 있어.

💬 이렇게 말한다!

A: The economy is bad all over the world.
B: A lot of people are holding off on spending money.
 A: 경제상황이 전 세계적으로 나빠.
 B: 많은 사람들이 지출을 미루고 있어.

✏️ 영어문장필사해보기

• 잠시 미룰 수 있어?

hold on
기다리다

hold on (a minute)은 명령문 형태로 「잠시만 기다려」 혹은 뭔가 얘기를 꺼내면서 「잠깐만」이라는 의미로 쓰인다. 또한 hold on 혹은 hold the line하면 전화상에서 전화를 끊지 않고 기다리는 것을 말한다.

✅ 핵심포인트

Hold on (a minute/a second)	잠깐 기다려, 잠깐만
hold on[hold the line]	전화를 끊지 않고 잠시 기다리다
hold on to sb/sth	…을 계속 갖다, 고수하다, 지니다
Hold it	잠시만, 잠깐 기다려

📝 이렇게 쓰인다!

Hold on, let me think it over.
잠깐, 생각할 시간 좀 줘.

Could you hold a second? I'll check if he's in.
잠깐만요. 계신지 확인해볼게요.

Would you like to hold?
기다리실래요?

Please hold.
끊지 마세요.

She had a breakdown and couldn't hold on to her job.
걘 신경쇠약에 걸려서 직장을 계속 다닐 수 없었어.

Betty, hold it for ten minutes. We have to get through this.
베티야, 10분만 기다려. 이거 끝내야 돼.

Oh, hold it. What are you going to do with that?
어 잠시만. 그걸로 어떻게 하려고?

💬 이렇게 말한다!

A: **Hold on for a minute. I need to talk to you.**
B: **Really? What are we going to talk about?**

    A: 좀만 기다려. 얘기 좀 하자.
    B: 정말? 무슨 이야기하려고?

hold 012

hold to
고수하다, 지키다

hold to는 주로 약속이나 어떤 주의 등을 「신뢰하고 믿는다」라는 뜻. 특히 hold sb to~형태로 쓰이면 「…가 to 이하를 지키도록 한다」는 말.

✓ 핵심포인트

hold to+약속[주의]	…을 믿다, 신뢰하다, 고수하다
hold sb to~	…가 …을 지키도록 하다

📝 이렇게 쓰인다!

She didn't hold to her promise.
걘 약속을 지키지 않았어.

I'm going to hold you to that.
네가 꼭 그 약속 지키게 만들거야.

I hold you to a higher standard. Don't let me down again.
넌 더 높은 기준을 충족시켜야 돼. 날 다시 실망시키지마.

You said you'd do it. I'm holding you to that.
그렇게 한다고 너 말했어. 그 약속 지켜야 돼.

💬 이렇게 말한다!

A: She promised to give me a book.
B: You should hold her to her promise.
　　A: 걔는 내게 책을 준다고 약속했어.
　　B: 걔가 약속을 꼭 지키도록 해야 돼.

✏️ 영어문장필사해보기

• 걘 약속을 지키지 않았어.

05. 꼬~옥 잡아줘요 Hold

hold out

(손 등을) 내밀다, (희망 등을) 주다, 버티다, 저항하다

손을 밖으로 내밀다라는 뜻. 비유적으로 손을 내밀며 「…을 끝까지 요구하다」 혹은 「끝까지 굴복하지 않는다」는 뜻으로 쓰인다.

✓ 핵심포인트

hold out against	굴복하지 않다
hold out for sth	…을 끝까지 요구하다
hold out hope of~[that~]	…하리란 기대를 주다
hold out on sb	…에게 중요한 이야기를 하지 않다

이렇게 쓰인다!

She held out her arms to hug me.
걘 나를 안으려고 팔을 뻗었어.

Hold out your hands for me, please.
손 좀 내밀어 볼래요.

She's a bitch. Hold out for a good girl.
걘 나쁜 년이야. 좋은 여자를 포기하지 말고 계속 찾으라고.

They can't hold out much longer.
걔네들은 더 오래 버티지 못할거야.

Looks like she's been holding out on me.
걔가 내게 뭔가 숨겨왔던 것 같아.

She is holding out hope that she'll see her son again.
걘 아들을 다시 볼거라는 희망을 갖고 있어.

이렇게 말한다!

A: They asked me to work for a small salary.
B: You should hold out for more money.
　　A: 걔들이 작은 급여로 나보고 일해 달래.
　　B: 좀 더 많이 달라고 버텨봐라.

hold up

hold 014

손들다, 지탱[지]하다, 미루다, 늦게 하다, 강탈하다

손을 위로 올린다라는 뜻에서 「…을 지탱하다」 혹은 무슨 일을 미루거나 사람을 잡아두는 것을 뜻한다. 또한 강도들이 하는 강탈하는 것을 hold up이라고 한다. hold up하면 명사로 「노상강도」, 「지체」라는 말. 동사구는 붙여쓰거나 가운데 (-)를 붙이지 않고도 명사로 쓰일 수도 있다.

✓ 핵심포인트

hold up	손들다, 미루다
hold-up	노상강도
be[get] held up	…에 꼼짝달싹 못하다
What held you up?	왜 늦었어?
What's the hold up?	왜 이리 늦는거야?

이렇게 쓰인다!

OK, everyone hold up your glasses.
자 모두들 잔을 높이 드세요.

I was held up by the boss.
사장 때문에 늦었어.

Three armed robbers held up the casino.
3명의 무장강도가 카지노를 털었어.

Hold your hands up!
손 들어!

이렇게 말한다!

A: **Why isn't the concert starting?**
B: **The musicians got held up in a traffic jam.**
  A: 왜 연주회가 시작하지 않는 거야?
  B: 연주가들이 교통 체증에 걸렸대.

영어문장필사해보기 ✎

- 사장 때문에 늦었어.

Get More

▶ **Hold your horses!** 속도를 줄여!, 진정해! (말고삐를 잡으라는데서 유래)

Just hold your horses! We have a lot of time.
천천히 해! 우리 시간 많다고.

▶ **leave sb holding the bag** …에게 죄를 뒤집어 씌우다

I got left holding the bag. 나한테 다 떠넘겨졌다.

▶ **hold water** 이치에 맞다

That'll never hold water. 그런 건 통하지 않아.

▶ **hold a grudge** 원한을 품다

Don't hold a grudge against me. 내게 원한을 품지마.

▶ **hold in** 자제하다

You'll need that to hold in your feelings.
네 감정을 자제하기 위해선 그게 필요해.
She tried to hold in the tears. 걘 눈물을 참으려고 했어.

▶ **hold your tongue** 닥치고 있어

You should hold your tongue. 입 다물고 있어.

06. 안보고 어떻게 알아

See

see는 눈 앞에 펼쳐지는 것을 본다는 뜻으로 「만나다」, 계속 만나고 있으면 남녀간의 「사귀다」, 그리고 비유적으로 「알다」, 「이해하다」라는 의미로 발전된다. 특히 헤어질 때 쓰이는 (I'll) See you+시간 명사 형태를 익혀둔다. 또한 see는 hear와 더불어 지각동사의 양대산맥으로 see sb[sth]+동사/~ing 형태가 되면 「…가 …하는 것을 보다」라는 뜻이 된다.

 See 기본개념

01. 보다, 구경하다, 만나다, 사귀다
I'd like to see a menu, please. 메뉴 좀 보여주세요.
Have you seen Bob lately? 요즘 밥 본적 있니?
Come and see me next weekend. 다음 주말에 와서 보자.

02. …가 …하는 것을 보다(see+V/~ing)
I saw you kissing Nina in the park.
네가 니나와 공원에서 키스하는거 봤어.

You saw me dancing in the bathroom?
내가 화장실에서 춤추는거 봤다구?

03. 알다, 이해하다, 확인하다
I see. 알겠어.
I don't see that. 난 그렇게 생각 안하는데.
We'll see. 좀 보자고, 두고 봐야지.

see sb/sth+동사[~ing]
…가 …하는 것을 보다

see의 대표적인 구문. see+sb[sth] 다음에 동사원형 혹은 ~ing가 올 수 있는데 ~ing는 그냥 동사가 올 때보다 동작의 진행을 강조할 때 사용된다.

✓ 핵심포인트

see sb[sth]+동사[~ing] …가 …하는 것을 보다
can't see sb[sth]+~ing[전치사구] …가 …하리라고 상상도 못하다

📓 이렇게 쓰인다!

I don't see that happening.
그렇게는 안될걸.

I saw her leave for school this morning.
걔가 오늘 아침에 학교 가는 것 봤어.

I never saw her smoke.
걔가 담배피는 것 전혀 못봤어.

My wife saw my secretary hitting on me.
비서가 내게 추근되는 걸 내 아내가 봤어.

💬 이렇게 말한다!

A: Is Ann still dieting?
B: No, I saw her eating some cake.
　A: 앤은 아직도 다이어트해?
　B: 아니, 걔가 케익 먹는 걸 봤어.

영어문장필사해보기 ✏️

• 걔가 오늘 아침에 학교 가는 것 봤어.

see 002

see sb
만나다, 보다

사람을 만난다(meet)라는 의미로 만나서 반갑다고 하는 Nice to see you, It's great to see you, It's good to see you, 약속정하면서 그때 보자고 할 때의 I'll see you then, 그리고 오랜간만에 만났을 때하는 I haven't seen you in years 등을 기본적으로 암기해둔다.

✓ 핵심포인트

(It's) Nice[Good] to see you	만나서 반가워
I'm here to see sb	…을 만나러 왔어

📋 이렇게 쓰인다!

I'm here to see some of my relatives.
친척들을 좀 만나러 왔어.

What a surprise! I didn't expect to see you here.
놀라워라! 널 여기서 보리라 예상못했어.

Haven't I seen you somewhere before?
예전에 어디선가 한번 만난 적이 있던가요?

Come back and see me.
또 놀러오세요.

💬 이렇게 말한다!

A: Ms. Norris is here to see you.
B: Okay. Have her come in.
　A: 노리스 씨가 만나러 오셨는데요.
　B: 알겠어요. 들어오시라고 해요.

✏️ 영어문장필사해보기

• 놀라워라! 널 여기서 보리라 예상못했어.

(I'll) See you~
…보자

보통 헤어질 때 하는 표현으로 I'll see you+시간하면 「…때 보자」라는 말이 된다. 보통 I'll은 생략되고 See you~ 다음에 시간관련 표현을 넣으면 된다. 그냥 See you!라고 해도 된다.

✓ 핵심포인트

See you later	나중에 보자
See you soon	곧 보자
See you tomorrow	내일 보자
See you around	또 보자

이렇게 쓰인다!

See you in the morning.
내일 아침에 보자.

I hope to see you again(sometime).
조만 간에 다시 한번 보자.

I'll be seeing you!
잘 가!, 또 보자

I have to get back to the office. See you tonight.
사무실에 돌아가야 돼. 저녁에 봐.

이렇게 말한다!

A: I've got to go. Take care.
B: OK, see you later, nice meeting you.
  A: 나 가야 돼. 조심해.
  B: 그래, 나중에 봐. 만나서 반가웠어.

영어문장필사해보기

• 사무실에 돌아가야 돼. 저녁에 봐.

see 004
be seeing sb
사귀다

역시 see+사람의 형태로 진행형으로 쓰이면 「계속적으로 만나다」라는 뉘앙스로 「남녀 간의 사귀는」 것을 의미한다. 물론 "I'm seeing her again on Thursday"처럼 그냥 단순히 만나다라는 뜻으로도 쓰인다는 점을 알아두자.

✓ 핵심포인트

be seeing sb	…와 사귀다
see a lot of sb	…와 많은 시간을 보내다

📒 이렇게 쓰인다!

You're late again. Are you seeing someone?
또 늦는구나. 누구 사귀는 사람 있어?

I am seeing her. It has been a while.
난 그녀하고 사귀고 있어. 좀 됐어.

As far as I know, she's not seeing anybody.
내가 아는 한 걘 지금 사귀는 사람 없어.

Are you still seeing her?
너 아직도 걜 사귀고 있어?

💬 이렇게 말한다!

A: My god, Tracey looks so beautiful.
B: She dresses nicely because she is seeing a rich guy.

A: 맙소사, 트레이시는 정말로 아름답구나.
B: 걔가 부자하고 사귀고 있어서 옷을 잘 입은거야.

📝 영어문장필사해보기

- 또 늦는구나. 누구 사귀는 사람 있어?

see 005

see a doctor
진찰받다

의사를 만나다는 건 병원에서 「진찰을 받는다」는 의미. go to a doctor 혹은 visit a doctor라고 해도 된다. 한편 영화를 보다는 see a movie라고 한다.

✓ 핵심포인트

see a doctor	진찰받다
see a movie	영화보다

📓 이렇게 쓰인다!

I'd like to see a doctor.
의사선생님께 진찰 받으려고요.

I think we should see a doctor soon.
우리 곧 병원에 가야겠어.

I saw the movie last weekend. It was really good.
지난 주말에 그 영화봤는데 정말 좋았어.

One day I saw a movie that changed my life.
언젠가 내 삶을 변화시킨 영화를 봤어.

💬 이렇게 말한다!

A: Look at this red patch on my arm.
B: It looks terrible. You should see a doctor.
　A: 내 팔에 이 붉은 점을 봐라.
　B: 끔찍하네. 병원에 가야되겠어.

✏️ 영어문장필사해보기

• 지난 주말에 그 영화봤는데 정말 좋았어.

148

(can) see (that)~
···이구나, ···을 알겠어

see가 알다(understand)의 의미로 쓰인 경우. I (can) see (that) 주어+동사하면 「···을 알겠어」, 「···이구나」 등의 의미이다. 물론 see의 원래 의미로 「···을 보다」라는 의미로도 쓰인다.

✓ 핵심포인트

I (can) see that	알겠어
I don't see that	난 그렇게 생각 안하는데,
Don't you see?	모르겠어?
You'll see	곧 알게 될거야, 두고 보면 알아

📝 이렇게 쓰인다!

I can see you're not going to be any help.
넌 도움이 하나도 될 것 같지 않구나.

I see that beauty runs in the family.
아름다움이 집안 내력이군요.

Did you see that I sent you a text message?
내가 문자 보낸거 봤어?

I can see she really needed a vacation.
걘 정말 휴가를 가야 되겠구나.

💬 이렇게 말한다!

A: Look, there's the Statue of Liberty.
B: Oh, I can see it.
   A: 야, 자유의 여신상이다.
   B: 아, 나도 보여.

✏️ 영어문장필사해보기

• 내가 문자 보낸거 봤어?

see 007 (can) see what[why, how]~ …을 알겠어

역시 see가 understand의 의미로 쓰였으나 이번에는 that절이 아니라 의문사절이 오는 경우이다. 앞의 that절이 오는 경우보다 훨씬 많이 쓰이는 표현.

✓ 핵심포인트

I (can) see what[why]~ 주어+동사	…이구나, …임을 알겠어
I can't see what[why]~ 주어+동사	…을 모르겠어

📔 이렇게 쓰인다!

I see what you mean.
네가 무슨 말하는지 알겠어.

I see what this is! You are in love with her!
그게 뭔지 알겠어! 너 걔랑 사랑에 빠졌구나!

I can see why he likes you.
왜 걔가 널 좋아하는지 알겠어.

I can't see what I'm doing here.
내가 뭘하고 있는지 모르겠어.

💬 이렇게 말한다!

A: The carpenter worked all day in the house.
B: I can't see what he did here.
  A: 목수가 집에서 종일 일했어.
  B: 무슨 일을 했는지 모르겠네.

✏️ 영어문장필사해보기

• 그게 뭔지 알겠어! 너 걔랑 사랑에 빠졌구나!

see 008

see what sb[sth] can~
…가 뭘 할 수 있는지 보다

여기서 see는 「…을 알아보다」, 「확인해보다」(find out)라는 뜻. 주어가 어떤 문제나 상황에 직면에서 어떻게 일을 헤쳐나가는지 보겠다는 의미이다.

✓ 핵심포인트

I'll see what~	…인지 보다
Let me see what~	…인지 보다

📋 이렇게 쓰인다!

I'll see what I can do.
내가 어떻게 해볼게.(도와줄게)

Let's see what you can do.
네 능력을 보여줘.

Here is 100 dollars. See what you can do.
여기 100달러. 어떻게 할건지 생각해봐.

I'll talk to my boss and I'll see what I can do.
사장한테 말해보고 내가 할 수 있는지 알아볼게.

💬 이렇게 말한다!

A: A couple of people came to help us.
B: See what they can do in the kitchen.
　A: 몇 명의 사람들이 우릴 도와주러 왔었어.
　B: 걔들이 부엌에서 뭘 할 수 있는지 보자.

✏️ 영어문장필사해보기

• 네 능력을 보여줘.

see if~
···인지 확인해보다

see if~ 다음에 주어+동사의 문장을 연결하면 「···인지 여부를 확인해보겠다」는 표현이 된다. 보통 I'll see if~나 Let me see if~으로 시작된다.

✓ 핵심포인트

I'll see if S+V	···을 확인해보다
Let me see if S+V	···인지 확인해보다
I'll see[Let me see] if I can+동사	내가 ···할 수 있는지 한번 볼게
I want to see if S+V	···인지 확인해보고 싶어

📓 이렇게 쓰인다!

I'm going to see if I can get a room for the night.
오늘 밤 방이 있는지 확인해보려구요.

I'll see if I can find her.
내가 걜 찾을 수 있는지 확인해보려고.

We'll see if she wants to come back.
걔가 돌아오고 싶어하는지 알아볼게.

I just wanted to see if everything was all right.
아무 일 없는지 단지 확인하고 싶었을 뿐이야.

💬 이렇게 말한다!

A: **I came here to see if you were finished.**
B: **No, I still have a lot of work to do.**
    A: 네가 일을 다 끝냈는지 알아보려고 여기에 왔어.
    B: 아니. 할 일이 아직 많이 남아있어.

📝 영어문장필사해보기

• 걔가 돌아오고 싶어하는지 알아볼게.

see 010 I've never seen~
…을 처음 봐

직역하면 과거부터 지금까지「…을 본 적이 없다」는 뜻으로 뭔가 놀라운 것을 보고서 하는 말. 또한 be the most+형용사+명사 (that) I've ever seen의 형태는「지금까지 본 것 중에 가장 …하다」라는 의미.

✓ 핵심포인트

I've never seen+명사 …한거 처음 봐
be the most+형용사+명사+(that) I've ever seen 내가 본 것 중 최고의 …야

📖 이렇게 쓰인다!

I've never seen anything like it.
그런 건 처음 봐요, 대단해요.

I've never seen him this happy.
걔가 이렇게 행복해하는 것을 본 적이 없어.

You're the sexiest woman I've ever seen.
내가 본 사람 중에 넌 가장 섹시해.

My parents have never seen me drunk!
부모님은 내가 이렇게 취한 것을 본 적이 없어!

💬 이렇게 말한다!

A: **This is my diamond necklace.**
B: **I've never seen diamonds that big.**

   A: 이게 내 다이아 목걸이야.
   B: 그렇게 큰 다이아는 난생 처음이야.

✏️ 영어문장필사해보기

- 걔가 이렇게 행복해하는 것을 본 적이 없어.

the way[as] I see it
내가 보기엔

여기서 see는 「생각(판단)하다」라는 뜻으로 the way[as] I see it하면 「내가 보기엔」이라는 의미. 또한 be how I see~형태로도 쓰이는데 이는 「내가 …에 대해 생각하는 건 …다」로 자기 생각이나 입장을 정리할 때 쓴다.

✓ 핵심포인트

the way[as] I see it	…내가 보기엔
as you can see	아시다시피
~ how I see~	내가 …을 생각하는 건

📓 이렇게 쓰인다!

So the way I see it, you've got two choices.
그래 내가 보기엔 넌 선택이 두가지있어.

That's not the way I see it.
난 그렇게 안 봐.

That's exactly how I see it.
그게 바로 내가 그렇게 생각하는거야.

That's not how you see me, is it?
날 그렇게 보는 건 아니겠지, 그지?

💬 이렇게 말한다!

A: Are you going to vote in the election?
B: The way I see it, my vote doesn't matter.
  A: 선거투표할거야?
  B: 내 생각엔 끝난 게임같은데.

✏️ 영어문장필사해보기

• 그래 내가 보기엔 넌 선택이 두가지있어.

154

wait and see what[if]~

see 012

…인지 두고 보다, 지켜보다

wait and see는 「기다리고 본다」는 말로 뭔가 성급히 판단하거나 행동하지 않고 「신중하게 지켜보거나 두고보는」 것을 말한다.

✓ 핵심포인트

wait and see what[if] S+V	…을 지켜보다, 두고보다
You (just) wait and see	두고보라고

📖 이렇게 쓰인다!

Let's wait a bit and see how things develop.
상황이 어떻게 되어가는지 좀 지켜보자고.

We are going to just wait and see what happens.
무슨 일이 일어나는지 지켜보자.

We're going to have to wait and see if she remembers anything else.
걔가 뭐 다른 걸 혹 기억하는지 지켜봐야 될거야.

We're going to wait and see what she tells us.
우리는 걔가 무슨 말을 할지 두고 볼거야.

💬 이렇게 말한다!

A: I think he is planning to buy us dinner.
B: **Wait and see if** he invites us out with him.
　　A: 걔가 우리에게 저녁살 계획을 하나봐.
　　B: 우리한테 외식하자고 초청하는지 두고 보자.

✏️ 영어문장필사해보기

• 무슨 일이 일어나는지 지켜보자.

see about
처리하다, 검토하다

see about은 「…에 대해 알아보거나」,「확인해보는」 것을 뜻하는 것. 상대방이 모르는 것을 물어볼 때 쓰는 아직 어떻게 될지 모른다는 의미로 We'll see about that(한번 보자고, 두고 보자)의 형태로 많이 쓰인다.

| see about+N/~ing | …을 확인해보다 |

Well, we'll see about that.
(잘 모르면서) 그래, 한번 보자고.

Yeah, we'll see about that. I am calling her right now.
그래, 한번 보자고. 지금 걔한테 전화할게.

Could you see about getting my notebook back?
내 노트북 다시 찾을 수 있는지 알아볼래요?

You're not going to a university? We'll see about that.
대학에 가지 않을거라고? 생각해보자.

이렇게 말한다!

A: **Let's go to the theater tonight.**
B: **I may be busy. We'll see about the theater.**
  A: 오늘 밤 극장에 가자.
  B: 바쁠 것 같은데. 극장 건은 좀 두고 보자.

영어문장필사해보기

• 그래, 한번 보자고. 지금 걔한테 전화할게.

see through

see 014

간파하다, 꿰뚫어보다

무엇을 통해서 본다는 것으로 「…을 간파하다」, 또한 무엇을 끝까지 본다는 점에서 「…끝까지 계속하거나」혹은 「누가 …하는 것을 끝까지 도와주다」라는 의미로 쓰인다. see(-)through하게 되면 형용사로 「속이 훤히 들여다보이는」이라는 뜻으로도 사용된다.

✓ 핵심포인트

see through	속지 않고 간파하다, …을 마칠 때까지 계속하다
see sb through (sth)	…가 (…하는데) 끝까지 도와주다

📒 이렇게 쓰인다!

Can you totally see through her shirt?
넌 걔 셔츠 속을 뚫어볼 수 있어?

The jury would see through that.
배심원이 눈치챌거야.

I'm going to see you through this.
네가 이거 하는거 끝까지 도와줄게.

I started doing something charitable and I'm going to see it through.
자선 일을 시작했는데 끝까지 할거야.

💬 이렇게 말한다!

A: Are you sure John is in his apartment?
B: Yes. I saw through his window and he's inside.
　A: 존이 자기 아파트에 있는지 확실해?
　B: 그래. 창문을 통해 봤는데 걔가 안에 있었어.

✏️ 영어문장필사해보기

• 네가 이거 하는거 끝까지 도와줄게.

seeing as~

…이기 때문에, …이니(seeing that~)

자기가 말하는 내용에 대한 이유를 언급할 때 사용하는 표현. 주로 seeing that 주어+동사 혹은 seeing as 주어+동사의 형태로 쓰인다.

✅ **핵심포인트**

seeing as[that] S+V   …이기 때문에

There isn't going to be any class today, seeing as we have no teacher.
선생님이 없으니 오늘 수업이 없겠네.

Seeing that you're the leader, I'd appreciate you saying something.
당신이 우두머리니 뭔가 얘기를 하면 감사하겠어요.

Seeing as you've got the most experience, I want you to take this.
네가 가장 경험이 많기 때문에 이걸 맡아줘.

There isn't going to be a wedding today, seeing as we have no bride.
신부가 안오는 걸보니 오늘 결혼식은 없겠네.

A: They are too busy to come to the meeting.
B: Seeing as they can't come, we'll cancel the meeting.
A: 걔들이 넘 바빠 회의에 못온대.
B: 걔들이 오지 않으니 우린 회의를 취소해야겠다.

📝 **영어문장필사해보기**

• 선생님이 없으니 오늘 수업이 없겠네.

Get More

- **see a problem** 문제점을 보다

    Did you see any problems with that? 그거에 어떤 문제라도 발견했나요?

- **see off** 배웅하다

    I have been to the airport to see my mother off.
    어머니 배웅하기 위해 공항에 갔다 왔어.

- **see you to+명사** …까지 같이 가다(go with)

    I'll see you to the station. 역까지 배웅해줄게.

- **see eye to eye (with)** (…에) 동의하다

    I don't see eye to eye with my wife. 아내랑 의견일치가 안돼.

- **see in sb** …을 좋아하다

    What do you see in her? 그 여자 뭐가 좋아?
    I can't imagine what Tom sees in her. 탐이 걔 왜 좋아하는지 모르겠어.

- **see (to it) that~** …을 주의하다, 확실히 하다

    I trust you'll see that she gets the message.
    걔가 메시지를 확실히 받아보게 할거라 믿어.

- **see ~ coming** (어려움 등이) 다가오다, 임박하다

    I didn't see it coming. 그렇게 될 줄 몰랐어.

- **see ~ as~** …을 …라고 생각하다

    He'll see it as a sign of relief. 걘 그걸 안도의 신호로 볼거야.

Get More

I (can) see your point. 무슨 말인지 알겠어.

I don't see why not. 그래.(yes)

You see that? 봤지?, 내 말이 맞지?

I don't see the need for it. 난 그럴 필요가 없다고 봐.

You haven't seen anything yet. 이 정도는 약과예요.

I've seen better. 별로던데.(↔ I've seen worse 아직은 괜찮은 편이야)

(*I have seen better는 현재완료시제로 과거부터 지금까지 더 좋은 것들을 봐왔기 때문에 지금이 별로라는 얘기이고, I've seen worse는 역시 현재완료로 과거부터 지금까지 더 나쁜 것들을 봐왔기 때문에 지금이 아직은 괜찮다는 의미이다.)

07.
말하고 싶은거 다 말해봐

Say

말하다라는 동사 4형제 say, tell, speak, talk 중에서 가장 포괄적이고 가장 일반적인 의미를 갖는 동사. 내가 한 말을 전달할 때(I said that~)나 상대방이 한 말을 다시 확인할 때(Are you saying that~?) 등에 쓰인다. 또한 시계나, 간판 등의 사물이 주어로 와서 「…라고 쓰여 있다」, 「…를 가리키고 있다」라는 의미를 갖기도 한다.

 Say 기본개념

01. 말하다, 이야기하다
It's time to say good-bye. 이제 헤어질 시간야.
You don't have to say you're sorry. 미안하단 말은 할 필요 없어.

02. (책, 게시판 등) …라고 쓰여 있다
Her email says that she will not come over tonight.
걔 이메일에 걔가 오늘밤 오지 않을거라 되어 있어.

The clock says 3:15(three fifteen).
시계가 3시 15분을 가리키고 있어.

The label says to take one pill a day.
라벨에 하루에 한 알씩 먹으라고 되어 있어.

03. (삽입구) 이를 테면, 예를 들면
How about getting together next week, say, on Friday?
담주, 그러니까 금요일에 만나는게 어때?

say hi
(안녕이라고) 인사하다

hi는 만났을 때 '안녕'이라고 하는 말로 say hi하면 「안녕이라고 인사하다」 혹은 멀리 떨어진 사람에게는 「안부전하다」라는 뜻이 된다. say good bye하면 작별인사를, say good night하면 「잘자라는 인사를 하다」가 된다.

✓ 핵심포인트

say hi to~	…에게 안녕이라고 인사하다, …에게 안부 전하다
say good-bye	(…와) 작별인사를 하다
say good night	잘자라고 인사하다

📝 이렇게 쓰인다!

I have to go now. I'll have to say good bye.
이제 가야 돼. 작별 인사해야 돼.

We just wanted to stop by and say good night.
잘 자라고 말하려고 잠깐 들렀어.

Say hi to Tony for me.
날 위해 토니에게 안부전해 줘.

I'll have to say goodbye to my shoes.
신발에게 작별인사해야 돼.

🗣 이렇게 말한다!

A: I'm going to visit Steve and Heather.
B: How nice. Say hi to them for me.

A: 스티브와 헤더를 방문하려고해.
B: 멋지다. 내 안부 좀 전해줘.

 영어문장필사해보기

• 토니에게 안부전해 줘.

say no (to)
(…에게) 반대하다, 거절하다

「반대하다」, 「거절하다」라는 의미로 say no to sb(sth)이라고 하면 된다. 또한 say so는 「그렇게 말하다」, say more는 「더 말하다」라는 뜻.

✓ 핵심포인트

say no (to)~	(…에게) 반대하다, 거절하다(↔ say yes)
say so	그렇다고 말하다
Say no more	더 말 안해도 알아, 무슨 말인지 말 안 해도 알겠어
say more	더 말하다

📓 이렇게 쓰인다!

I'd have to say no.
안되겠는데.

I just can't say no to my mother. I'm not like you.
엄마한테는 반대못해. 난 너랑 달라.

Why did you say yes? Are you out of your mind?
왜 승낙한거야? 정신나갔어?

It seems weird to you, but everybody says so.
너에게 이상하게 보이겠지만, 다들 그렇게 얘기해.

Need I say more?
더 말해야 하나요?, 더 말하지 않아도 알겠죠?

Say no more. I know it's your birthday.
알겠어. 네 생일이지.

💬 이렇게 말한다!

A: Robin, are you smoking again?
B: Yes, I can't say no to cigarettes.
　A: 로빈, 너 또 담배 피니?　B: 예. 담배를 끊을 수가 없어요.

영어문장필사해보기 ✏️

• 엄마한테는 반대못해. 난 너랑 달라.

say something to

…에게 뭔가를 말하다

say something하면 뭔가를 말하다라는 뜻으로 다음 to sb, about~ 등을 붙여 활용되며 something 대신 anything이나 nothing을 넣어서 활용해도 된다.

✓ 핵심포인트

say something to sb	…에게 뭔가를 말하다
say something+형용사	…한 말을 하다
say something about~	…대해 뭔가를 말하다
say something like that	그런 비슷한 말을 하다

 이렇게 쓰인다!

Can I just say something to you as a friend?
친구로서 네게 뭐 좀 얘기할까?

She said something to make me think.
걘 내가 생각을 하게 하는 뭔가를 말했어.

Wait a minute. I'd like to say something about Joe.
잠시만. 조에 대해 뭔가 얘기하고 싶어.

Did he really say nothing about me?
걔 정말 나에 대해 아무 말도 안했어?

I don't want you to say anything like that to her.
난 네가 걔한테 그런 말 안 했으면 하거든.

Did I say something funny?
내 말이 웃겨?

💬 이렇게 말한다!

A: Some of my students need to shower more often.
B: I'll say something to them about it.

　A: 내 학생중 몇 명은 좀 더 자주 샤워를 해야 돼.
　B: 내가 걔들에게 그것에 대해 얘기 좀 할게.

say a word
말하다, 누설하다

Don't say a word로 잘 알려진 표현. 「한 마디도 하지 말라」는 뜻으로 주로 부정문인 Don't say a word, I won't say a word 형태로 쓰인다.

✓ 핵심포인트

not say a word 입밖에 내지 않다, 한마디도 하지 않다
Just say the word 말만해 (내가 도와줄게)

이렇게 쓰인다!

Here she comes. Don't say a word, okay?
쟤가 온다. 한마디도 하지마, 알았어?

I promise I won't say a word.
한마디도 말하지 않을게.

You can count on my help. Just say the word.
내 도움에 의지하라고. 말만해.

I'm not going to say a word to anyone.
누구에게도 말하지 않을게요.

이렇게 말한다!

A: Did you plan a party for Randall?
B: It's a surprise. Don't say a word about it.
  A: 랜달을 위해 파티를 계획했지?
  B: 놀래주려고. 아무 말도 말아줘.

영어문장필사해보기 ✏️

• 내 도움에 의지하라고. 말만해.

say 005 — have something to say
할 말이 있다

「뭔가 할 말이 있다」라는 말로 have 대신 get을 써도 된다. 또한 「누구에게 할 말이 있다」는 have something to say to sb, 「…관해 할 말이 있다」고 하려면 have something to say about~이라고 한다.

✔ 핵심포인트

have something to say to sb	…에게 할 말이 있다
have something to say about sth	…에 관해 할 말이 있다
have nothing to say to[about]	…에게[관해] 할 말이 없다

📝 이렇게 쓰인다!

I **have something to say**.
할 말이 있어.

I **have nothing to say to** you.
네게 아무 할 말이 없어.

If you **have something to say to** me, just say it.
내게 할 말이 있으면 그냥 말해.

You **have anything to say about** his daughter?
걔 딸에 대해 뭔가 할 말이 있어?

💬 이렇게 말한다!

A: Before I go any further, Bill **has something to say**.
B: I handed in my resignation this morning.

    A: 제가 더 얘기를 하기 전에 빌이 뭔가 할 말이 있답니다.
    B: 저 아침에 사직서를 제출했어요.

✏ 영어문장필사해보기

• 내게 할 말이 있으면 그냥 말해.

say that~
…라고 말하다

say의 목적어가 주어+동사의 절이 되는 경우로 I said that~, You said that~, (S)He said that~ 등을 기본적으로 알아두어야 한다.

✓ 핵심포인트

I said that S+V	…라고 말했어
I said to sb that S+V	…에게 …라고 말하다
You said (that) S+V	…라고 했잖아
I'm sorry to say that S+V	…라고 말하게 되어 미안해
I thought you said (that) S+V	네가 …라고 말한 줄 아는데

📝 이렇게 쓰인다!

I said that you had a nice place.
집이 멋있다고 했어.

She said she's having a lot of fun with Andy.
걔는 앤디하고 재밌게 보냈다고 했어.

I thought you said it was okay.
난 네가 괜찮다고 말한 줄 알았어.

I'm sorry to say I'm getting used to it.
미안한 말이지만 난 이제 적응이 되고 있어.

You said it was okay! Why did you change your mind?
괜찮다고 했잖아! 왜 맘을 바꾼거야?

You said it was going to be fun!
재미있을거라고 했잖아!

💬 이렇게 말한다!

A: **Jim said that he'd pick up the tab.**
B: **In that case I'll have another drink.**
  A: 짐이 자기가 계산하겠다고 했어.
  B: 그러면 한잔 더 해야지.

say much about~
…에 관해 말을 많이 하다

말을 많이 하는 것은 say much 혹은 say a lot이라고 하면 된다. 「…에게 말을 많이 할 때」는 say much to~를, 「…관해 말을 많이 할 때」는 say much about~이라고 하면 된다.

✓ 핵심포인트

say much to sb	…에게 말을 많이 하다
say much about~	…에 관해 말을 많이 하다

이렇게 쓰인다!

He doesn't say much about it.
걘 그것에 대해 말을 많이 하지 않아.

She didn't say much to me.
걘 내게 말을 많이 하지 않았어.

We said a lot of things.
우린 많은 것들을 이야기했어.

He doesn't say much. He keeps to himself.
걘 말을 별로 하지 않아. 말수가 적어.

이렇게 말한다!

A: How does your brother like his job?
B: I don't know. He doesn't say much about it.
　A: 네 동생이 자기 일에 대해 어떻게 좋아하고 있니?
　B: 모르겠어. 일에 대해 별로 이야기하지 않아.

영어문장필사해보기 ✏️

• 걘 말을 별로 하지 않아. 말수가 적어.

You said you wanted~
…을 원한다고 했잖아

You said you wanted~는 「네가 …를 원한다고 했잖아」라는 말로 상대에게 전에 한 말을 다시 한번 환기시켜주거나 확인하고자 할 때 사용하면 된다. 상황에 따라서 싸울 때 쓰기도 한다.

✓ 핵심포인트

You said you wanted to+동사　　…하고 싶다고 했지[했잖아]
You said you wanted sth　　　　…을 원한다고 했지[했잖아]

📓 이렇게 쓰인다!

You said you wanted to get involved.
너도 끼고 싶다고 했잖아.

Come on Tammy! You said you wanted to talk about it.
이봐 태미야! 그 얘기하고 싶다고 했잖아.

Remember when you said you wanted to be a model?
네가 모델이 되고 싶다고 말한 때 기억나?

You said you wanted new running shoes.
새 운동화 원한다고 했지.

Jimmy, you said you wanted to help me, and I believed you.
지미야, 너 날 도와준다고 했지. 난 널 믿었어.

You said you wanted to be alone for your birthday.
생일날 혼자 있고 싶다고 했지.

You said you wanted to say something.
뭔가 얘기하고 싶다고 했지.

💬 이렇게 말한다!

A: Why did you buy me tea at Starbucks?
B: You said you wanted something to drink.
　　A: 왜 내게 스타벅스에서 차를 사주는거야?
　　B: 네가 뭔가 마시는 것을 원한다고 했잖아.

I say (that)~
⋯하라고, 내 말은 ⋯하라는거야

현재형 say를 써서 I say (that)~이라고 하면 「내 말은 ⋯하라는 거야」라는 뜻으로 상대에게 자신의 의견을 동적으로 전달하는 표현. 반대로 You say (that)~는 「네 말은 ⋯라는거지」라는 말로 상대의 말을 확인하는 경우.

✔ 핵심포인트

I say (that) 주어+동사   ⋯하라고
You say (that) 주어+동사   ⋯라는거지

📒 이렇게 쓰인다!

I say you show Jill how much you love her.
질에게 네가 걜 얼마나 사랑하는지 보여주라고.

You're a man. I say you just do it.
넌 남자야. 그냥 해보라고.

I say you have to give your divorce another chance.
이혼 한번 더 생각해보라고.

I say you leave Sally alone and go get Vicky.
샐리는 놔두고 비키를 잡으라고.

You say you want to meet young girls.
젊은 여자를 만나고 싶다는거지.

You say you love this girl.
네가 이 여자를 사랑한다고.

You say you can, but you can't.
네가 할 수 있다고 말하지만 넌 못해.

💬 이렇게 말한다!

A: Karen and Harry make such a cute couple.
B: I say they will get married within a year.
    A: 카렌과 해리는 예쁜 커플이 될거야.
    B: 내말은 걔들이 1년내 결혼할거라는거지.

I'd say ~
…인 것 같아

I'd say 주어+동사에서 I'd say~는 I would[could] say~로 단정적으로 말하지 못하겠지만 …라고 말할 수도 있다라는 표현법으로 의역하면 …인 것 같아라는 말이다.

✓ 핵심포인트

I'd say (that) 주어+동사   …인 것 같아   **I'd say so** 그런 것 같아

📝 이렇게 쓰인다!

I would say that you are around 30 years old.
넌 한 30살 쯤으로 보이는데.

I'd say she died when she was about twenty.
걔가 20살쯤 죽은 것 같아.

I guess you could say that.
그렇게 말할 수도 있을 걸.

Six feet, I'd say.
6피트인 것 같아.

💬 이렇게 말한다!

A: Did you hear if Michelle got the job?
B: Judging by the look on her face, **I'd say yes**.
　A: 미셸이 일자리 얻었는지 소식 들었어?
　B: 얼굴 표정으로 봐서 그런 것 같아.

영어문장필사해보기 ✏️

• 그렇게 말할 수도 있을 걸.

Are you saying~?
…란 말야?

상대의 예상치 못한 말에 혹은 말도 안되는 말에 당황하여 확인해보는 표현. 문맥에 따라 놀람과 짜증을 나타낼 수도 있다. What are you saying?하면 그게 무슨 말이야?라는 말.

✓ 핵심포인트

All I'm saying is ~	내가 말하려는 것은 …야
What I'm trying to say is (that)~	내가 말하려는 것은 …야
I'm just saying (that)~	내말은 단지 …라는 거야
You're just saying that to+동사	넌 그냥 …라고 하는 말이지

📙 이렇게 쓰인다!

Are you saying that you're not going to hire me?
저를 채용 안하겠다는 말씀이죠?

This is ridiculous. Are you saying this is my fault?
말도 안돼. 이게 내 잘못이라고 말하는거야?

Are you saying that you didn't?
네가 안 그랬다고 하는거야?

What I'm trying to say is that she's rich.
내가 하려는 말은 걔가 부자라는거야.

What I'm saying is Allan likes you not me.
내말은 앨런이 내가 아닌 널 좋아한다는거야.

I'm just saying you never know what could happen.
무슨 일이 일어날지 모른다는 말이야.

You're just saying that to make me feel better.
나 기분 좋아지라고 그냥 하는 말이지?

What are you saying? Am I rude?
무슨 말이야? 내가 무례하다는거야?

💬 이렇게 말한다!

A: You'll be sorry if you don't prepare for the test.
B: Are you saying that I should study?

A: 시험준비를 하지 않으면 후회하게 될거야. B: 내가 공부해야 된다고 말하는거야?

I have to say~
…라고 해야 되겠어

어쩔 수 없이 뭐라고 말을 해야 되는 상황에서 던지는 표현으로 「…라고 해야겠네」라는 의미. have to 대신에 must를 써도 된다. 또한 I want to say~는 「…라고 말하고 싶다」라는 뜻.

✓ 핵심포인트

I have to[must] say+명사[(that) S+V] …라고 해야 되겠어
I have to[must] say~ …라고 해야 되겠어
I want to say+명사[that, how S+V] …라고 말하고 싶어, …라고 해야겠어

📝 이렇게 쓰인다!

Sorry, I have to say goodbye. I'm with a friend. She's waiting for me.
미안, 작별인사 해야 돼. 친구하고 있는데 날 기다리고 있어.

I have to say you are much smarter than me.
네가 나보다 훨씬 영리하다고 해야겠어.

I have to say you really impressed me today.
오늘 너한테 정말 감동받았다고 말해야겠어.

I have to say, I'm not surprised.
별로 놀라지 않았다고 말해야겠어.

I must say I'm disappointed in you.
너한테 실망했어.

I want to say thank you.
너한테 고맙다고 말하고 싶어.

I want to say goodbye to my friends.
내 친구들에게 작별인사 하고 싶어.

I want to say how sorry I am.
내가 얼마나 미안한지 말하고 싶어.

💬 이렇게 말한다!

A: **The economy will get better next year.**
B: **I have to say I don't believe you.**
　　A: 경제가 내년에는 호전될거야.　B: 믿지 못하겠다고 말해야 되겠네.

say 013 | I can't say ~
…는 아니지, …라곤 말 못하지

뭔가 확실히 알지 못할 때 쓰는 표현으로 I'm not sure~ 와 같은 의미. 단독으로 I can't say하면 "잘 몰라"라는 표현이 된다. 반대로 I can say S+V는 「…라고 말할 수 있다」라는 말로, 「…인 것 같아」라는 뜻이 된다.

✓ 핵심포인트

I can't[couldn't] say 주어+동사	…는 아니지
I can't say	잘 몰라

📓 이렇게 쓰인다!

I can't say that I'm surprised.
놀란 것은 아니고.

I can't say who did that.
누가 그랬는지 몰라.

I can't say for certain she'll recover completely.
걔가 완전히 회복될거라고는 확실히 말 못해.

💬 이렇게 말한다!

A: **I can't say I've ever been to London.**
B: **Would you like to go there with me?**
  A: 내가 런던에 가 본 적은 없어.
  B: 나랑 같이 가고 싶지 않니?

✏️ 영어문장필사해보기

• 누가 그랬는지 몰라.

You're saying~ ?
…라는거지?, …라는 말이야?

진행형으로 You're saying~?하면 「너 지금 …라는 말이야?」라는 뜻. 상대방이 믿기지 않는 말이나 예상 밖의 말을 할 때 놀라면서 혹은 화나면서 하는 표현. 반대로 I'm saying~하면 자기 말을 정리, 강조할 때 하는 말.

✓ **핵심포인트**

You're saying S+V	…라는 거지? , …라고 말하는거야?
I'm saying S+V	…라는 말이야

You're saying you're attracted to your teacher?
선생님한테 끌린다는 말이야?

You're saying it's not enough.
넌 충분하지 않다는거지.

You're saying Nick did this?
닉이 이걸 했다는 말이야?

You're saying I go out there by myself tonight?
오늘 밤 나 혼자 거기에 가라는 말이야?

You're saying you don't know anything about this?
넌 이거에 대해 아무것도 모른다는 말이야?

I'm saying your father was a good man.
네 아버지가 좋은 사람였다는 말이야.

I'm saying that truth is powerful.
진실은 강력하다는 말이야.

I'm saying this as a friend. Don't do this to me.
친구로서 이거 말하는데. 나한테 그러지마.

💬 **이렇게 말한다!**

A: A storm is coming our way.
B: **You're saying** it will snow this afternoon?
　　A: 폭풍이 우리 쪽으로 오고 있어.　B: 오늘 오후 눈이 올거라는거야?

Let's say~

…라고 (가정)해보자, …할까

함께 말해보자는 건 같이 생각해보거나 가정해보자는 말. Let's say 주어+동사 혹은 Let's just say 주어+동사로 사용하면 된다.

✓ 핵심포인트

Let's say S+V   …라고 가정해보자, …라고 할까

 이렇게 쓰인다!

Let's just say he's a married man.
걔가 유부남이라고 생각해보자.

Let's say that he is going to be there.
걔가 거기에 갈 거라고 하자.

Let's say we get out of here. I'll show you around.
자 여기서 나갈까. 내가 구경시켜줄게.

Let's say she came home first.
걔가 집에 제일 먼저 왔다고 하자.

📣 이렇게 말한다!

A: Should we meet on Tuesday or Wednesday?
B: **Let's say** Wednesday. It's better for me.
　A: 화요일 또는 수요일 우리 만날까?
　B: 수요일로 할까. 내겐 수요일이 더 좋아.

✏️ 영어문장필사해보기

• 걔가 거기에 갈 거라고 하자.

What do you say (to)~ ?
…하는게 어때?

상대방에게 뭔가 제안할 때 사용하는 것으로 What do you say~ 다음에 주어+동사 혹은 to+~ing[명사] 형태로 제안내용을 말하면 된다. 또한 What would you say~는 「…한다면 어떡겠어?」라고 상대방 반응을 물어보는 문장.

✓ 핵심포인트

What do you say? 어때? **What would you say if S+V**	…한다면 어떨까?
What do you say to+명사/~ing/S+V?	…하는게 어때?
What do you say if S+V?	…한다면 어떻게 생각해?
What would you say?	어떻게 할거야?, 넌 뭐라고 할래?
What would you say to+명사/~ing?	…한다면 넌 뭐라고 할래?

📓 이렇게 쓰인다!

What do you say I take you to dinner tonight?
오늘 밤 저녁먹으러 갈래?

What do you say we get together for a drink?
만나서 술 한잔하면 어때?

What do you say we go take a walk?
가서 산책하면 어때?

Let's go to China in May. What do you say?
5월에 중국가자. 어때?

What would you say if she stayed with us all night?
걔가 우리랑 밤샌다면 어떨까?

💬 이렇게 말한다!

A: What do you say to going for a drink tonight?
B: Sounds like a good idea!
  A: 오늘밤 한잔하러 가는거 어때?
  B: 그거 좋지!

How could you say~ ?
어떻게 …말을 할 수 있어?

상대방의 어처구니없는 말에 발끈하여 되던지는 말. How can(could) you say~ 다음에 명사가 오거나 주어+동사의 형태가 올 수 있다.

✅ 핵심포인트

| How could you say+명사? | 어떻게 …을 말할 수 있어? |
| How could you say (that) S+V? | 어떻게 …라고 말할 수 있어? |

📝 이렇게 쓰인다!

How can[could] you say that?
어떻게 그렇게 말할 수 있냐?

How can you say that it doesn't matter?
어떻게 그게 중요하지 않다는거야?

How can you say that to me? I'm your boss!
어떻게 그렇게 말하나? 난 네 사장야!

How can you say something like that? I'm so hurt.
어떻게 그런 말을 해? 맘 아파.

How could you say such a thing?
네가 어떻게 그런 말을 할 수 있어?

How could you say yes to that?
어떻게 그걸 승낙할 수 있어?

💬 이렇게 말한다!

A: I have to break up with you.
B: **How can you say that?**

A: 그만 헤어져야겠어.
B: 어떻게 그런 말을 할 수 있는거야?

영어문장필사해보기 ✏️

• 어떻게 그런 말을 해? 맘 아파.

Who says~?
누가 …라고 해?

상대방 말에 동의할 수 없을 때 Who says 주어+동사?라고 한다. 다만 Who can say 주어+동사?하면「…을 누가 말할 수 있겠냐」, 즉 아무도 알 수 없는 노릇이라는 의미로 Who's to say 주어+동사?라고 해도 된다.

✓ 핵심포인트

Who says S+V?	(반대의견) 누가 …라고 해?
Who's to say S+V?	누가 …라고 할 수 있겠어?(아무도 모른다)
Who can say~ ?	누가 …라고 할 수 있겠어?(아무도 모른다)

📝 이렇게 쓰인다!

What? Who says that?
뭐라고? 누가 그래?

Who says I can't handle it?
내가 그걸 처리 못 한다고 누가 그래?

Who says I need someone to take care of me?
나를 돌볼 사람이 필요하다고 누가 그래?

Who's to say it wasn't you?
네가 아니라는 걸 누가 알 수 있겠어?

💬 이렇게 말한다!

A: **Who says you need surgery?**
B: **My doctor told me it is necessary.**
  A: 누가 네게 수술이 필요하다고 해?
  B: 의사가 필요하다고 말했어.

✏️ 영어문장필사해보기

• 내가 그걸 처리 못 한다고 누가 그래?

say 019 Needless to say
말할 필요도 없지만

「말할 필요도 없이」라는 뜻으로 to say nothing of와 같은 뜻이다. 또한 Whatever you say 는 상대방이 시키는 대로 다 하겠다는 말로 Anything you say라고도 한다.

✓ 핵심포인트

Needless[regardless] to say	말할 필요도 없이
to say nothing of	…은 말할 것도 없고
as you say	네 말대로, 네가 말한 것처럼
Whatever you say	네 말대로 할게
Anything you say	시키는 대로 하죠, 동감이야
to say the least	줄잡아 말해도
that is to say	말하자면

이렇게 쓰인다!

Needless to say, everyone is shocked, including her.
말할 것도 없이 걔 포함해 모두 충격을 받았어.

Whatever you say, boss.
뭐든지 말씀만 하세요, 사장님.

As you say, Mr. Smith, this is not a place where you belong.
스미스 씨, 말씀하신 것처럼 이곳은 당신이 있을 곳이 아니에요.

Anything you say, honey. What do I have to do now?
뭐든 네 말대로 할게. 이제 뭐 해야 해?

이렇게 말한다!

A: There are a lot of dirty dishes in the sink.
B: **Needless to say,** you'll have to wash them.

A: 싱크대에 더러운 접시가 많아. B: 말할 필요는 없지만 네가 설거지해야 돼.

영어문장필사해보기 ✎

• 말할 것도 없이 걔 포함해 모두 충격을 받았어.

It says here~
…라고 되어[쓰여] 있다

어떤 서류나 게시판 등을 보며 「…라고 쓰여 있다」라고 말하는 표현. It을 생략하고 그냥 Says here (that) 주어+동사라고 해도 된다.

✓ 핵심포인트
It says here S+V   …라고 쓰여 있다

📔 이렇게 쓰인다!

It says here you're fine.
네가 괜찮다고 되어 있네.

It says here that you lied about your sexual preference before marriage.
당신이 결혼전 성적취향에 대해 거짓말했다고 되어 있네요.

It says here your husband died.
당신 남편이 죽었다고 되어 있네요.

Says here Dr. Smith examined her last week, and everything was fine.
지난주에 스미스 선생님이 걜 검사했는데 다 괜찮다고 적혀 있어.

💬 이렇게 말한다!

A: **Look at that big old house.**
B: **It says here a president lived in it.**
　A: 저 크고 낡은 집을 봐라.
　B: 어떤 대통령이 그 집에서 살았다고 되어 있네.

✏️ 영어문장필사해보기

• 네가 괜찮다고 되어 있네.

Get More

- **no matter what I say** 내가 뭐라든

  No matter what I say, don't let me do that again.
  내가 뭐라든, 내가 그걸 다시 못하게 해.

- **say to oneself** 스스로에게 말하다

  Before I get up , I say to myself "I'm not a loser."
  일어나기 전에 난 스스로에게 말해, 난 실패하지 않았다고.

- **They say that ~** …라고들 한다(It is said that~)

  They say time flies. 세월이 유수같다고들 하지.

- **say ~ in English** …을 영어로 말하다

  I don't know how to say it in English. 그걸 영어로 어떻게 하는지 모르겠어.

- **have something to say about** …에 대해 할 말이 있다

  They probably have something to say about us eating dogs.
  우리가 개 먹는 거에 화나 있을거야.

- **like I was saying** 내가 말했듯이

  Like I was saying, I'm so sorry. 말했듯이 정말 미안해.

- **say something to one's face** 대놓고 뭐라하다, 비난하다

  If you want to say something about me, say it to my face!
  나한테 할 말 있으면 대놓고 해!

- **~ wouldn't you say?** 그렇지 않아? 안 그래?

  We'd better get started. Wouldn't you say?
  시작하는게 나을 것 같아. 안 그래?

Say when. (술 등을 따르면서) 됐으면 말해.
Say cheese. (사진 찍을 때) 치즈라고 해.
I'll say. 정말이야.
You can say that again. 누가 아니래.
You said it. 네 말이 맞아, 정말 그래.
You said that. 네가 그랬잖아.
What she says goes. 걔말에 따라야 돼.
What can I say? 1. 난 할 말이 없네 2. 나더러 어쩌라고?
You don't say! 1. 설마!, 아무려면!, 정말? 2. 뻔한거 아냐?
Never say die! 기운내!, 약한 소리지마!
I know what I'm saying. 나도 알고 하는 말이야.
I know what you're saying. 무슨 말인지 알아.
I don't know what to say. 뭐라고 말해야 할지.
What do you want me to say? 무슨 말을 하라는거야?
Is that what you're saying? 이게 당신이 의미하는거야?
What did you say? 뭐라고 했는데?, 뭐라고?
Stop saying that! 닥치라고!, 그말 좀 그만해!
What say?/Say what? 뭐라고?, 다시 말해줄래?
See what I'm saying? 무슨 말인지 알지?
Why do you say that? 왜 그런 말을 하는거야?
Well said. 맞아, 바로 그거야, 말 한번 잘했다, 나도 동감이야.
When all is said and done. 모든 일이 끝나면, 모든 것을 고려해볼 때.
I wouldn't say that. 그렇지도 않던데.
Don't say it! 듣고 싶지 않아! 나도 알고 있으니까 말 안해도 돼!
You (really) said a mouthful! 의미심장한 말이었어!, 아주 적절한 말이었어!
Easier said than done. 말이야 쉽지.
Don't make me say it[tell you] again! 두 번 말하게 하지마!
I didn't say that. 그렇게 말 안했어.

08.
네게 말하고 싶어

Tell

say보다는 강한 의미로 say와 달리 말을 듣는 사람이 목적어(tell me, tell you 등)로 와야 한다. 특히 상대방에게 좀 힘(?)을 주어 말하는 뉘앙스가 풍겨 tell sb to~하게 되면 「…에게 …하라고 (지시)하다」라는 뜻이 된다. 윗 사람에게 사용하려면 ask sb to~하면 된다. 그래서 상대방에게 뭔가 내게 알려달라고 부탁할 때 Could you tell me what[when, where, how~]~? 형태가 애용된다.

 Tell 기본개념

01. 이야기하다, 말하다, 알려주다
I'm here to tell you. 너한테 얘기하러 온거야.
Please tell me what happened. 무슨 일인지 말해봐.

02. 충고[경고]하다(tell A to do)
She told me to save my money. 걔는 나보고 돈을 절약하라고 했어.
I told you to get out of here. 나가라고 했잖아.

03. 구분하다(tell A from B)
No one is going to be able to tell. 모두들 모를거야.

tell 001

tell sb sth
…에게 …를 말하다

tell이 tell A B의 형태로 쓰인 경우로 tell me sth 혹은 tell you sth 그리고 tell him(her) sth 의 형태로 쓰인다.

✓ 핵심포인트

tell sb the way to　…에게 …로 가는 길을 말해주다
tell sb this[that]　…에게 이걸[그걸] 말하다

📓 이렇게 쓰인다!

Can you tell me the way to the station?
역으로 가는 길 좀 알려주세요?

I'm sorry I didn't tell you this before[sooner].
이걸 미리[더 빨리] 말해주지 못해 미안.

She didn't tell you that.
걔는 너한테 그걸 말하지 않았어.

Because I am your best friend I can tell you this.
너의 가장 친한 친구니까 이걸 말해줄게.

💬 이렇게 말한다!

A: Tell Sharon that I want to see her.
B: Sharon won't be here until this afternoon.
　A: 샤론에게 내가 만나고 싶다고 말해줘.
　B: 샤론은 오늘 오후까지 여기 오지 않을거야.

영어문장필사해보기 ✏️

• 걔는 너한테 그걸 말하지 않았어.

tell sb about~
…에게 …대해 이야기하다

이번에는 말하는 내용이 확정된 것이 아니라 무엇에 관한 이런저런 정보를 이야기한다고 할 때는 tell sb about~이라고 한다.

✓ 핵심포인트

Tell me about sth	…에 대해 말해봐
I didn't tell sb about~	…에게 …에 대해 말하지 않았어

📋 이렇게 쓰인다!

Tell me about your new girlfriend.
새로 사귄 여친에 대해 얘기해봐.

I didn't tell him about you.
걔에게 너에 대해서 이야기 안했어.

What did Mike tell you about her?
마이크가 걔에 대해 뭐라고 했어?

Let me tell you about my fourth wife.
내 4번째 아내에 대해 말해줄게.

💬 이렇게 말한다!

A: **Tell me about you and Jake.**
B: **It's a long story.**

    A: 너하고 제이크하고 어떤 사이야?
    B: 말하자면 길어.

✏️ 영어문장필사해보기

• 마이크가 걔에 대해 뭐라고 했어?

tell 003 tell a lie
거짓말하다

tell이 목적어로 이야기 관련 명사를 받아 다양한 숙어를 만들어낸다. 대표적으로 tell the truth 하면 「사실을 말하다」라는 뜻으로 tell me straight라고도 한다. 반대는 tell a lie.

✓ 핵심포인트

tell the truth	진실[사실]을 말하다
tell a lie	거짓말하다
tell a story	이야기하다
tell a joke	농담하다

이렇게 쓰인다!

You better tell him the truth.
걔한테 사실대로 말하는게 좋을거야.

He was trying to tell us a joke, but we didn't get it.
걘 농담을 하려고 했는데 우리는 이해를 못했어.

He's not good at telling lies.
걔는 거짓말하는데 서툴러.

He told me a white lie.
그 사람이 나에게 선의의 거짓말을 했어.

You always laugh like that when you're telling a lie.
넌 거짓말을 할 때마다 항상 그렇게 웃더라.

이렇게 말한다!

A: **My son said he was getting an A in this class.**
B: **He told a lie. He is doing very poorly.**
　A: 내 아들이 이 수업에서 A 학점을 받을거라고 말했어.
　B: 거짓말이야. 아주 못하고 있거든.

영어문장필사해보기 ✏️

• 걘 농담을 하려고 했는데 우리는 이해를 못했어.

tell sb to~
…에게 …을 시키다

「…에게 …하라고 말하다」라는 뜻으로 ask sb to~와는 달리 격의없는 사이에 쓰거나 혹은 지시적인 성격이 강한 표현이다. 윗사람에게 사용하는 것은 자제해야 한다.

✓ 핵심포인트

Don't tell me to+동사   …하라고 하지마
I told sb to+동사   …에게 …하라고 했어

Don't tell me to calm down!
나보고 조용히 하라고 하지마!

I told you to prevent this from happening.
이런 일 일어나지 않도록 하라고 했잖아.

I told him to drop by for a drink.
난 걔보고 잠깐 들러 술 한잔하자고 했어.

He told me to save my money for our honeymoon.
걘 나보고 신혼여행 대비해 돈을 저축하라고 했어.

이렇게 말한다!

A: I need help moving to another apartment.
B: Tell everyone to come and help you.

　　A: 새 아파트로 이사가는데 도움이 필요해.
　　B: 모두에게 와서 도우라고 말해봐.

영어문장필사해보기 ✏️

• 난 걔보고 잠깐 들러 술 한잔하자고 했어.

tell sb that ~
…에게 …을 말하다

어떤 사실이나 정보를 상대방에게 전달할 때 사용하는 표현으로 tell me[you] 다음 「that 주어+동사」를 붙여서 전달하고자 하는 내용을 기술하면 된다.

✓ 핵심포인트

Can you tell me that S+V?	…을 말해줄래?
I told you that S+V	내가 …라고 했잖아
I will tell him[her] that S+V	걔에게 …을 말할거야
You told me that S+V	네가 나한테 …라고 했잖아

📝 이렇게 쓰인다!

I'll tell him that you called.
걔한테 네가 전화했다고 말해줄게.

Would you tell him that James Smith called?
제임스 스미스가 전화했다고 걔한테 전해줄래요?

Tell him his brother misses him.
걔한테 걔 형이 보고 싶어한다고 해.

Why didn't you believe me? I told you he didn't do it.
왜 내말을 안믿은거야? 걔가 그러지 않았다고 했잖아.

💬 이렇게 말한다!

A: You told me that you didn't like Jill.
B: I didn't mean to say that.
    A: 질을 싫어한다고 내게 말했잖아.
    B: 그렇게 말하려는게 아니었어

✏️ 영어문장필사해보기

- 왜 내말을 안믿은거야? 걔가 그러지 않았다고 했잖아.

tell sb what~

…에게 …을 말하다

앞의 tell sb that 주어+동사보다 훨씬 많이 쓰이는 표현. 먼저 tell sb~ 다음에 what, when, where 등의 의문사가 오는 경우를 본다.

✓ 핵심포인트

Can you tell me what/when/where/who~?	…을 말해줄래?
I will tell him[her] what/when/where/who ~	걔에게 …을 말해줄게
Tell me what/when/where/who ~	…을 말해봐

📒 이렇게 쓰인다!

Can you tell me what's going on in there?
거기 무슨 일인지 말해줄래?

Can you tell me where you're going to stay?
어디에 머물건지 말해줄래?

Could you tell me where I can find your sister?
네 누이 어디에 있는지 말해줄래?

Excuse me, can you tell me what happened?
미안하지만 무슨 일인지 말해줄래?

You're going to tell me what I want to know.
내가 알고 싶은 걸 말해줄거지.

I need you to tell me who did it.
누가 그랬는지 내게 말해줘.

I'll tell you what they were fighting over.
걔네들이 뭐 때문에 싸웠는지 말해줄게.

I'll tell you what happend to me yesterday.
어제 무슨 일 있었는지 말해줄게.

🗣 이렇게 말한다!

A: Will you go grocery shopping for me?
B: Can you tell me what you need?

A: 식품점에 좀 다녀와 줄래?   B: 뭐가 필요한데?

tell sb how~

…에게 …을 말하다

이번에는 tell sb 다음에 how, why, if 등이 오는 경우로 어떤 방법이나 이유 그리고 어떤 사실 여부를 물어볼 때 사용하면 된다.

✓ 핵심포인트

Can you tell me how/why/if~S+V?	…을 말해줄래?
I will tell him[her] how/why/if ~ S+V	걔에게 …을 말해줄게
Tell me how/why/if S+V	…을 말해봐

Can you tell me how this happened?
어떻게 이런 일이 일어났는지 말해줄래?

You're not going to the party? Can you tell me why?
파티에 안간다고? 이유를 말해줄래?

I'll tell you how bad it is.
이거 얼마나 안 좋은지 말해줄게.

Tell me if you're still upset about this.
네가 이 때문에 아직도 화나있는지 말해줘.

Tell me why we're going to do this again.
우리가 왜 이걸 다시 해야 하는지 말해줘.

💬 이렇게 말한다!

A: **Could you tell me how I get to the subway?**
B: **Go straight ahead until you see the sign.**
   A: 지하철역에 가려면 어떻게 가야 하죠?
   B: 표지판 나올 때까지 앞으로 쭉 가세요.

📝 영어문장필사해보기

• 파티에 안간다고? 이유를 말해줄래?

tell sb how to~
…에게 …하는 방법을 말하다

tell sb 다음에 의문사가 오긴 오지만 의문사절이 아니라 의문사구가 오는 경우이다. tell sb 다음에 what(how~) to+동사를 넣으면 된다.

 핵심포인트

Can you tell me how to get to+장소**?**	…로 가는 방법을 알려주시겠어요?
I will tell you how to+동사	…하는 법을 알려줄게

Can you tell me how to do it?
그걸 어떻게 하는지 좀 가르쳐줄래?

Could you tell me how to get to Gate 3?
3번 게이트 어떻게 가는지 알려줄래요?

Could you tell me when to get off?
어디서 내려야 하는지 알려줄래요?

You can tell me how to go there by e-mail.
거기 어떻게 가는지 이메일로 알려줘.

You're going to tell me how to do it?
그거 어떻게 하는지 알려 줄거지?

I will tell you how to make money.
돈 어떻게 버는지 알려줄게.

Didn't your mom tell you how to treat a lady?
네 엄마가 여자를 어떻게 대접해야 하는지 안 알려줬어?

You don't tell me what to do! I tell you what to do!
나한테 이래라 저래라 하지마! 내가 네게 지시할거야!

This is so complicated. Please tell me what to do first.
이거 너무 복잡해. 무얼 먼저 해야 되는지 알려줘.

이렇게 말한다!

A: I don't think Ned should take that job.
B: You can't **tell him how to** live his life.
  A: 네드가 그 일을 맡아야 한다고 생각지 않아.
  B: 그의 인생에 대해 이래라 저래라 말할 수는 없지.

A: They are so confused right now.
B: You need to **tell them what to** do next.
  A: 걔들이 지금 아주 혼란스러워해.
  B: 네가 걔들에게 다음에 할 일을 말해줄 필요가 있어.

A: I am going to go jogging for an hour.
B: I can **tell you when to** stop.
  A: 한 시간 정도 조깅을 하려고해.
  B: 내가 그만둘 타이밍을 말해줄게.

영어문장필사해보기

• 어디서 내려야 하는지 알려줄래요?

• 거기 어떻게 가는지 이메일로 알려줘.

I told you~
…라고 했잖아

말귀를 못 알아듣는 상대방에게 혹은 말을 잘 안듣는 상대에게 쓸 수 있는 표현. I told you to+동사, 혹은 I told you that 주어+동사라 하면 된다. 부정으로 쓰려면 I told you not to+동사로 「…하지 말라고 했잖아」가 된다.

✓ 핵심포인트

I told you to+동사	…라고 했잖아
I told you (that) 주어+동사	…라고 했잖아
I thought I told you~	…라고 말한 것 같은데
I told you (so)	내가 그랬잖아
I told you that	내가 그랬잖아
I told you before	전에 내가 말했잖아

📝 이렇게 쓰인다!

I told you to leave me and never come back again.
가서 다신 오지말라고 했잖아.

I told you to give him whatever he wants.
쟤가 원하는 건 다 주라고 했잖아.

I told you not to do that! How many times do I have to tell you?
그러지 말라고 했잖아! 몇번이나 너한테 말해야하니?

See? I told you it was impossible.
거봐? 할 수 없다고 했잖아.

I told you that I didn't know exactly where she lived.
걔가 어디 사는지 정확히 모른다고 했잖아.

I thought I told you not to come.
오지 말라고 한 것 같은데.

💬 이렇게 말한다!

A: **I thought I told you to get out of here.**
B: **You did, but I don't want to.**
　　A: 나가라고 말했던 건 같은데.　B: 그랬지, 하지만 싫은 걸.

You told me ~
네가 …라고 했어

You told me to~ 혹은 You told me (that) 주어+동사는 「네가 …라고 했잖아」라는 의미로 상대방이 예전에 한 말을 다시 되새김할 때 사용하는 표현.

✓ 핵심포인트

You told me to+동사 …라고 했잖아
You told me (that) S+V …라고 했잖아

📝 이렇게 쓰인다!

You told me to be nice to anyone who comes here.
여기 오는 누구에게나 친절하게 굴라고 했잖아.

You told me to go to work.
나더러 일하러 가라고 했잖아.

You told me to call you a cab at 10:00.
10시에 택시 불러달라고 했잖아.

You told me that you didn't like Jack the other day.
요전날 잭을 싫어한다고 내게 말했잖아.

Hello! Is anybody home? You told me you would call.
너 정신없구나? 전화한다고 했잖아?

You told me you were going to take me for lunch.
나 점심 사준다고 했잖아.

You're going to throw it away. You told me you liked it.
그거 버릴거라고? 네가 좋다고 했잖아.

💬 이렇게 말한다!

A: Where is the TV that was here?
B: You told me to throw it away.
  A: 여기 있던 TV가 어디 있니?
  B: 네가 버려버리라고 말했잖아.

tell 011

Don't tell me~
…라고 하지마

부정명령형으로 Don't tell me~ 다음에 주로 that절이나 의문사절, 의문사구 등이 온다. Don't tell me!는 역시 굳어진 표현으로 어처구니없는 말을 하는 상대에게 놀라 던지는 말로 "설마!," "무슨 말씀을"이라는 의미.

✔ 핵심포인트

Don't tell me that ~	…라고 말하지마, 설마 …라는 얘기는 아니겠지?
Don't tell me what~	…라고 하지마
Don't tell me!	설마!

📓 이렇게 쓰인다!

Don't tell me men are nice.
남자들이 착하다고 말하지마.

Don't tell me what's in the box.
상자 안에 뭐가 들어있는지 말하지마.

Don't tell me you don't remember seeing me in the club.
클럽에서 나를 본 기억이 안 난다고 하지마.

Don't tell me that it's over between us.
우리 사이 끝났다고 말하지마.

💬 이렇게 말한다!

A: The car didn't start this morning.
B: **Don't tell me that** it's broken again.
    A: 차가 오늘 아침 시동이 걸리지 않았어.
    B: 또 고장 났다고 말하지마라.

✏️ 영어문장필사해보기

• 클럽에서 나를 본 기억이 안 난다고 하지마.

tell 012 | There's no telling ~
…은 알 수가 없어

앞으로의 일이 불확실하거나 알 수 없을 때 쓰는 표현으로 There's no way to tell~이라고도 한다. There's no telling(알 수가 없어)도 There's no way to tell(알 길이 없어)처럼 단독으로도 쓰인다.

✔ 핵심포인트

There's no telling(knowing) what/how~ S+V	…을 알 수가 없어
There's no way to tell what/who S+V	…을 알 방법이 없어

📝 이렇게 쓰인다!

There's no way to tell who it was.
그게 누구인지는 알 길이 없어.

There's no telling what you think.
네가 무슨 생각을 하는지 알 수가 없지.

There's no telling how long they'll last.
걔들이 얼마나 오래갈지 알 길이 없어.

There's no way to tell who did that.
누가 그짓을 했는지 알 수가 없어.

💬 이렇게 말한다!

A: **Do you think the new business will succeed?**
B: **There's no telling what will happen to it.**

　A: 새사업이 성공하리라 생각해?
　B: 사업이 어떻게 될지 알 길은 없지.

✏ 영어문장필사해보기

• 네가 무슨 생각을 하는지 알 수가 없지.

Let me tell you~
…을 얘기해줄게

상대방에게 뭔가 얘기해줄 때 쓰는 표현. Let me tell you~ 담에 바로 명사를 넣거나 about+ 명사를 넣으면 된다. Let me tell you something은 상대방의 관심을 끄는 말로 "내가 얘기할 게 있는데"라는 의미.

✓ 핵심포인트

Let me tell you (about)+명사~	너에게 (…에 대해)를 말해줄게
Let me tell you something[one thing]	말할게 있는데
Let me tell you what/how~	…을 말해줄게

이렇게 쓰인다!

Let me tell you my story.
내 이야기를 해줄게.

Let me tell you about my sister.
내 누이에 대해 말해줄게.

Let me tell you about my plan to open a restaurant.
식당을 개업할 내 계획을 말해줄게.

Let me tell you what I mean.
내가 무슨 말을 하는 건지 말해줄게.

Let me tell you something. Your girlfriend isn't cute.
말할게 있는데. 네 여친 안 귀여워.

I have to tell you something. It's about your ex-wife.
말할게 있는데 네 전 부인이야기야.

이렇게 말한다!

A: I heard you climbed Mount Everest.
B: **Let me tell you,** it was really difficult.

A: 네가 에베레스트 산을 등정했다고 들었어.
B: 말할게 있는데 말야, 정말로 어려웠어.

영어문장필사해보기 ✎

• 말할게 있는데. 네 여친 안 귀여워.

tell 014 You're telling me that ~?
…라고 말하는거야?

상대방의 말에 놀라거나 당황해서 상대방 말을 반복하는 표현법. You're telling me that~이하에 상대방이 한 말을 반복하면 된다. 단독으로 You're telling me!라 하면 강한 동의표현으로 누가 아니래!, 정말 그래!라는 뜻.

✓ 핵심포인트

You're telling me (that) S+V?   …라고 말하는거야?
You're telling me!   누가 아니래!, 정말 그래!
You're not telling me~?   …라고 말하는 건 아니지?

📒 이렇게 쓰인다!

You're telling me you didn't try to hit him?
넌 걔를 치려고 하지 않았다는 말야?

You're telling me I can't see her?
내가 걔를 만날 수 없다는 말야?

You're telling me there's a million dollars in here?
여기에 백만 달러가 있다는 말야?

You're not telling me you're into this stuff?
이것에 빠져 있다고 말하는 것은 아니지?

💬 이렇게 말한다!

A: I'm going to be busy at the night of your party.
B: **You're telling me that you won't come?**

　A: 네 파티하는 날 밤 내가 무척 바쁠 것 같아.
　B: 그래서 올 수 없다고 말하는거니?

✏️ 영어문장필사해보기

• 여기에 백만 달러가 있다는 말야?

tell
015

be told~

…라고 듣다

tell이 수동태로 쓰여 I was told~, 혹은 I have been told~하면 「…라는 얘기를 들었다」 혹은 「…라는 이야기를 계속 들어왔다」라는 뜻이 된다.

핵심포인트

I was [I've been] told (that) 주어+동사 …라고 들었어, 내가 듣기론…
I was told that (누군가 나에게) 그것을 말해 주었어, 그렇게 들었어
So I've been told/So I hear 그렇다고 들었어

이렇게 쓰인다!

I was told that the doors close at nine.
내가 듣기로 문은 9시에 닫힌대.

I was told you had a question for me.
너 내게 질문있다며.

I have been told that I'm a very good kisser, all right?
나 키스 잘한다는 얘기 들어왔어, 알았어?

I was told he was going to ask my sister out.
걔가 내 여동생에게 데이트 신청을 한다는 말을 들었어.

이렇게 말한다!

A: How cold is it going to get?
B: I was told it will fall below freezing.
A: 얼마나 추워질거래?
B: 영하로 떨어질거라고 들었어.

영어문장필사해보기

• 나 키스 잘한다는 얘기 들어왔어, 알았어?

tell 016

I can tell you ~
…하기는 해, …라고 말할 수 있어

어떤 사실을 단정적으로 말하기 보다는 I can('t) tell you that~으로 포장을 하면 부드럽게 자기 의사를 전달할 수 있다. 다만 I can('t) tell you what[how]~등이 쓰이면 「…을 말할 수 있다(없다)」라는 표현이 된다. 그냥 I can('t) tell you that(그렇다고 할 수 있지[없지])의 문장으로 많이 쓰이기도 한다.

✓ 핵심포인트

I can('t) tell you that S+V	…하기는 해, …라고 말할 수 없어
I can('t) tell you what/how~S+V	…을 말할 수 있어[없어]
I can tell you that	그렇긴 해
I can't tell you that	그렇게는 못 말해

📝 이렇게 쓰인다!

I can tell you that the prices of cars are a bit high.
자동차 가격이 좀 높기는 해.

I can tell you what he's going to find.
걔가 무엇을 찾을지는 말할 수 있어.

I can't tell you how sorry I am.
내가 얼마나 미안한지 모르겠어.

I can't tell you how great it is to see you.
너를 만난게 얼마나 기쁜지 모르겠어.

💬 이렇게 말한다!

A: I really need to make some money fast.
B: **I can't tell you how to** make money.
　A: 나 정말 돈 좀 빨리 벌어야 돼.
　B: 어떻게 돈 버는지 모르겠어.

✏️ 영어문장필사해보기

• 내가 얼마나 미안한지 모르겠어.

Get More

- **tell A from B** A와 B를 구분하다

    Can you tell Cindy from Betty? They're a lot alike.
    신디와 베티 구분돼? 넘 비슷해.

- **tell the difference** 차이점을 구분하다

    I can tell the difference between them. 난 걔들간 구분을 못하겠어.

- **tell on** 고자질하다

    I didn't tell on you before. 전에 널 고자질한 적 없어.
    Don't tell on me, okay? 날 고자질하지마, 알았어?

- **all told** 다 합해서

    All told, we earned a lot of money tonight.
    다 합해서 오늘 돈 많이 벌었어.

- **(Do) You mean to tell me ~?**
    그 말 진심이니?, 그 말에 대해 후회하지 않지?

- **Do you mean to tell me I got fired?** 내가 잘린게 사실야?

- **I don't know how to tell you this, but~**
    어떻게 이걸 말해야 할지 모르겠지만

    I don't know how to tell you this, but your son is in the hospital. 어떻게 말해야 할지 모르겠지만 네 아들이 병원에 있어.

- **How many times have I told you that ~?**
    내가 …라고 도대체 몇 번이나 얘기했니?

    How many times do I have to tell you?
    도대체 몇 번이나 말해야 알아듣겠니?

- **tell a soul** …에게 말하다

    Don't tell a soul. 이 소문에 대해 발설하지마.
    I won't tell a soul. 누구에게도 말하지 않을게, 입 꼭 다물고 있을게.

- **kiss and tell** 비밀을 떠벌리다

    I'm not one to kiss and tell.
    신의를 저버리고 비밀을 떠벌리고 다니는 사람은 아니야.
    I don't kiss and tell. 비밀을 떠벌리고 다니지 않아.

- **tell it like it is** 있는 그대로 말하다

    Please tell it like it is. 있는 그대로 말해줘, 사실대로 말해줘.

I told you so. 내가 그랬잖아.
See, I told you. 거봐, 내가 뭐랬어.
So, tell me. 자 말해봐.
You never can tell. 알 수 없는 노릇이지.
Tell me about it. 누가 아니래, 정말야.
Tell me another one. 웃기네.
Time will tell. 시간이 지나면 밝혀질거야.
How can I tell? 내가 어찌 알아?
What can I tell you?
알고 싶은게 뭔데?, 뭐라고 말해야 할지 모르겠다, 할말이 없어.
How could you not tell us? 어떻게 우리에게 말하지 않을 수 있어?
A little bird told me. 그냥 누가 알려줬어.
You tell him! 단단히 야단 좀 쳐요!, 시치미떼지마!
You tell me. (I don't know) 그거야 네가 알지. (난 몰라)
That doesn't tell me much. 그건 별 의미가 없는데.
I'm not telling you. 말 안해줄래.

09. 이야기를 해봐

Speak

> speak는 기본적으로 사람들 앞에서 이야기하거나 말한다는 뜻을 갖는다. 또한 speak Korean처럼 어느 나라 말을 하거나 혹은 발표회 등에서 말을 하는 것을 말하는 것으로 「…에게 어떤 정보를 전달하는」 것이 아니라 그냥 일방적으로 말을 하는 경우를 뜻한다. tell처럼 말하는 대상을 목적어로 갖지 못하며 말을 하는 상대를 표시하려면 speak to sb라고 해야 한다.

 Speak 기본개념

01. 이야기하다, 말하다
Think before you speak[act]. 말[행동]하기 전에 생각해보고 말해.
You should speak to your teacher. 선생님에게 말해라.

02. 연설하다
I have to speak in public tomorrow morning.
내일 아침 사람들 앞에서 연설을 해야 돼.
She is supposed to speak at the meeting.
걘 회의에서 발표하기로 되어 있어.

03. (…언어를) 하다
Is there someone who can speak Korean? 한국어하는 사람 있어요?
I can't speak English very well. 영어가 서툴러요.

speak to
…에게 이야기하다, 말하다

「…와 이야기하거나 말하는」 것을 말하며 speak with라고 해도 된다. 전화해서 「…을 바꿔달라」며 말하는 Can I speak to sb?가 대표적. 물론 꼭 전화에서만 쓰이는 것은 아니다.

✓ 핵심포인트

Could I speak to sb? …좀 바꿔주실래요?
I'd like to speak to sb, please …와 통화하고 싶은데요, …와 이야기하고 싶어
You should speak to sb …에게 말씀하세요

이렇게 쓰인다!

Could I speak to Mr. Smith?
스미스 씨 좀 바꿔줄래요?

Can I please speak to your manager?
매니저랑 이야기할 수 있어요?

I thought I told you not to speak to him anymore.
걔하고 더 이상 얘기하지 말라고 한 것 같은데.

I need to speak with you.
너랑 이야기해야 돼.

이렇게 말한다!

A: Can I speak to John Lange?
B: I'm sorry, he's on another line at the moment.
    A: 존 랭 씨 계십니까?
    B: 죄송합니다만 지금 다른 전화 받고 계시는데요.

영어문장필사해보기 ✏️

• 걔하고 더 이상 얘기하지 말라고 한 것 같은데.

speak English
영어를 말하다

002

생기초적인 표현으로 speak~ 다음에 나라명의 형용사형이 오면 「그 나라 말을 하다」라는 뜻이 된다. 주로 can('t)와 잘 어울려 쓴다. 또한 not speak a word of~는 「…을 한 마디도 못한다」라는 표현. 단 네이티브들끼리 'Speak English'하면 '알아듣게 말해'라는 뜻이 된다.

✔ 핵심포인트

speak+국명의 형용사형	…언어를 하다
not speak a word of	…을 한마디도 못하다

📓 이렇게 쓰인다!

Does anyone here speak Korean?
여기 누구 한국말 하는 사람 있어요?

I am sorry but I can't speak English very well.
미안하지만 영어를 잘 못해요.

But he doesn't speak a word of English.
하지만 걘 영어 한마디도 못해.

Are you sure you don't speak Korean?
한국어를 못한다는게 확실해요?

💬 이렇게 말한다!

A: What language did you use in Europe?
B: We spoke English to everyone.
　A: 너는 유럽에서는 무슨 언어를 썼니?
　B: 우린 누구에게나 영어로 얘기했어.

📝 영어문장필사해보기

• 미안하지만 영어를 잘 못해요.

speak 003

speak as
…의 자격으로 말하다

speak as sb는 「…의 자격으로 말하다」라는 뜻으로 speak as a doctor는 의사자격으로 말하다, speak as a parent는 부모의 자격으로 말하다라는 의미이다.

✓ 핵심포인트

speak as+자격이나 직업명사   …의 자격으로 말하다

📓 이렇게 쓰인다!

May I speak as a girlfriend for a second?
잠시 여친의 자격으로 말할 수 있어?

Are you speaking as my husband or as my boss?
남편으로 말하는거야 아님 사장으로 말하는거야?

Now I'm speaking as a doctor.
지금 난 의사로서 말하는거야.

Can you pick up the phone, speaking as me?
나인 것처럼 해서 전화받아줄래?

💬 이렇게 말한다!

A: **What should we do about this problem?**
B: **I can't speak as your teacher. Ask him.**
    A: 이 문제를 어떻게 해야 되니?
    B: 네 선생으로 난 말못해. 걔한테 물어봐.

✏️ 영어문장필사해보기

- 남편으로 말하는거야 아님 사장으로 말하는거야?

speak 004 — speak up
좀 더 크게 말하다, 의견을 말하다

좀 더 크게(up) 말하는 것으로 이야기할 때 혹은 전화통화시 잘 안들리는 경우에 사용한다. 물론 자기 의견을 말한다는 의미도 있다. 또한 speak out은 큰 소리로 말하거나 외치는 것을 뜻한다.

✓ 핵심포인트

speak up	큰소리로 말하다
speak up for sb	…을 지지하는 말을 하다
speak out	큰소리로 외치다

📓 이렇게 쓰인다!

Could you speak up, please?
좀 더 크게 말해줄래요?

I can't hear you. You'll have to speak up.
잘 안 들려요. 큰 소리로 말하세요.

If you're going to say something; you're going to have to speak up.
할 말 있으면 큰소리로 말해.

Speak up. It's hard to hear you when you lower your voice.
크게 말해. 네가 작은 목소리로 말하면 듣기 힘들어.

💬 이렇게 말한다!

A: Mr. Smith, is this your wallet?
B: **Speak up.** I can't hear what you said.
   A: 스미스 씨, 이것이 당신 지갑인가요?
   B: 크게 말해줄래요. 말씀하신게 안들려서요.

✏️ 영어문장필사해보기

• 할 말 있으면 큰소리로 말해.

speak for sb
…의 감정, 입장을 표현하다, 대변하다

「…의 입장이나 생각, 그리고 감정을 대변한다」는 표현으로, Speak for yourself하게 되면 상대방이 나와 다른 의견을 내놓았을 때 "너나 그렇다"(I don't agree with you)라고 다른 의견을 말할 때 사용된다.

✓ 핵심포인트

speak for sb (when I say~)	(…을 얘기할 때) …을 대변하다
Speak for yourself	너한테나 맞는 이야기이지
Something speak itself[themselves]	자명하다, 명백하다

📓 이렇게 쓰인다!

I think I can speak for both of us when I say I'm sorry.
내가 미안하다고 할 땐 우리 둘 다 그렇다는거예요.

I know I speak for Will when I say we're very disappointed.
내가 우리가 매우 실망했다고 할 땐 윌의 입장을 대변하는거야.

I need you to speak for someone who can't speak for herself.
스스로를 대변하지 못하는 사람을 대변하도록 해.

Speak for yourself. I really hate to jog.
너나 그렇지. 난 정말 조깅하는게 싫어.

💬 이렇게 말한다!

A: How can I contact the shop's owner?
B: I'm his son. I can speak for him.
    A: 그 가게 주인을 어떻게 접촉할 수 있니?
    B: 제가 아들인데 저한테 말하시죠.

✏️ 영어문장필사해보기

• 너나 그렇지. 난 정말 조깅하는게 싫어.

Speaking of~
…얘기가 나와서 말인데

이미 언급되는 화제와 관련된 이야기를 추가적으로 할 때 쓰는 표현. 이미 나온 대상을 구체적으로 말하려면 Speaking of+명사, 그냥 "그 말이 나와서 말인데"라고 하려면 Speaking of which라고 하면 된다.

✔ 핵심포인트

Speaking of+명사	…얘기가 나와서 말인데
Speaking of which	말이 나와서 말인데

📝 이렇게 쓰인다!

Speaking of winter, did you go skiing this year?
겨울 얘기가 나와서 그런데, 금년에 스키탔어?

Speaking of Brian, I have some big news.
브라이언 얘기가 나와서 말인데 놀라운 소식이 있어.

Speaking of which, are you ready to go to lunch?
말이 나왔으니 말인데, 점심 먹으러 갈 준비됐어?

Speaking of which, how are things with your mother?
말이 나와서 말인데, 네 엄마하고 사이는 어때?

💬 이렇게 말한다!

A: These chocolate candies are great.
B: **Speaking of** chocolate, you should try the cookies.
  A: 이 초콜릿 캔디 대단하네.
  B: 초콜릿에 대해 말이 나와서 말인데 넌 이 과자들을 한번 먹어봐야 해.

✏ 영어문장필사해보기

• 겨울 얘기가 나와서 그런데, 금년에 스키탔어?

Roughly speaking
대강 말해서

Generally speaking(일반적으로 말해서)으로 익숙해진 표현이지만 여기서는 Generally 대신에 Roughly가 쓰인 경우. 그밖에 Frankly speaking(솔직히 말해서), Strictly speaking(엄격히 말해서) 등이 있다.

✓ 핵심포인트

Roughly speaking	대강 말해서
Generally speaking	일반적으로 말해서
Frankly speaking	솔직히 말해서

📋 이렇게 쓰인다!

Strictly speaking, you don't deserve this.
엄격히 말해서 너 이런 자격 없어.

Roughly speaking, the casino is around 2 miles away.
대강 말해서 카지노는 약 2마일 떨어진 곳에 있어.

Frankly speaking, you're not invited to the party.
솔직히 말해서 넌 파티에 초대받지 못했어.

Generally speaking, women are smarter than men.
일반적으로 말해서, 여성이 남성보다 스마트해.

💬 이렇게 말한다!

A: **When will we arrive at our destination?**
B: **Roughly speaking, it will be in three hours.**
    A: 우린 목적지에 언제 도착해?
    B: 대충 말하자면 3시간 안에 도착할거야.

✏️ 영어문장필사해보기

- 솔직히 말해서 넌 파티에 초대받지 못했어.

so to speak
말하자면

소시적부터 외워왔던 필수기본숙어. 뭔가 자기 생각이나 상황을 요약해서 한마디로 정리하고자 할 때 사용하면 된다. 우리말로는 「말하자면」이라는 의미.

✓ 핵심포인트
| so to speak | 말하자면 |

 이렇게 쓰인다!

So to speak, she's a maniac.
말하자면 걘 매니아야.

I'd like go back to the days when I was young, so to speak.
어린 시절로 가고 싶어, 말하자면.

I really want to get out of here, so to speak.
말하자면 난 정말이지 여기서 벗어나고 싶어.

He is, so to speak, a peeping Tom.
걘 말하자면 관음증이 있어.

이렇게 말한다!

A: **What does Sandy do at your house?**
B: **She's my housekeeper, so to speak.**

   A: 샌디가 네 집에서 무엇을 하니?
   B: 말하자면 내 가정부지.

영어문장필사해보기 ✏️

• 어린 시절로 가고 싶어, 말하자면.

speak ill of
…을 비난하다

뒷담화(finding fault with)하는 걸 좋아하는 사람이 꼭 해야 되는 표현. 반대로 speak well of하면 …을 칭찬하다, 잘 얘기하다라는 뜻이 된다.

✓ 핵심포인트

speak ill of	비난하다
speak well of	칭찬하다
speak highly of	매우 좋게 얘기하다

📝 이렇게 쓰인다!

I'm not good at speaking well of others.
난 다른 사람 칭찬하는데 어눌해.

Don't speak ill of him.
걔 욕하지마.

Don't speak ill of the dead.
죽은 사람 욕하지마라.

My father spoke highly of President Kennedy.
내 아버지는 케네디 대통령을 높게 평가하셨지.

💬 이렇게 말한다!

A: They certainly speak well of him there.
B: That's because he did a great job for them.
　　A: 거기선 그 남자에 대해 좋게 이야기하는게 분명해.
　　B: 그들을 위해서 일을 아주 잘 해줬거든.

📝 영어문장필사해보기

• 내 아버지는 케네디 대통령을 높게 평가하셨지.

Get More

- **speak the same language** 의견이 일치하다

  We are not speaking the same language. 우리는 뜻이 전혀 맞지가 않아.

- **no[never] ~ to speak of** …할게 거의 없다

  I have no enemies to speak of. 적이라고 할 것도 거의 없어.
  I've never really had a big fight to speak of.
  이렇다 할 싸움을 해 본 적이 없어.

- **speak out of turn** 말이 잘못 나오다

  I didn't mean it. I spoke out of turn. 내 말뜻은 그게 아냐. 말이 잘못 나왔어.

- **speak one's mind** 까놓고 말하다

  She has a lot of nerve to speak her mind in front of the boss.
  걘 사장 앞에서도 다 얘기할 강단이 있어.

- **speak of the devil** 호랑이도 제말하면 온다더니

  Well, speak of the devil. We were just talking about you.
  어, 호랑이도 제말하면 온다더니. 우린 막 네 얘기를 하고 있었어.

Actions speak louder than words. 말보다 행동.

Don't speak too soon. 미리 속단하지 말라구. 그 말 하기에는 아직 이른 것 같은데.

10.
너와 톡톡튀는 대화를 나누고 싶어

Talk

talk은 상대방과 함께 「의견」을 나눈다는 점이 가장 큰 특징. 그래서 대화하는 상대는 talk to sb 혹은 talk with sb라고 하며 또한 대화이다 보니 화제가 있기 마련이고 이 화제를 말하려면 talk about sth이라고 한다. 대화를 이렇게 깊이 나누다 보면 설득을 하게 돼 talk sb into~하게 되면 「…을 설득하여 …하게 하다」라는 의미도 된다.

 Talk 기본개념

01. 대화하다, 이야기하다

(It's been) Nice talking to you. 당신과의 대화 즐거웠어요.
You can't talk to me like that! 내게 그런 식으로 말하지마!
Can we talk for a minute? 잠깐 시간 좀 내줄래?
Sorry, I've got a date. Talk to you later.
미안 나 데이트 있어. 나중에 얘기해.

02. 설득하다(talk A into)

You're going to try and talk me into it?
날 설득해서 그걸 하게 하려는거야?

You're here to talk me out of marrying her.
날 설득해서 걔랑 결혼 못하게 하려는거야.

talk to~
···에게 이야기하다

talk to sb는 「···에게 이야기하다」라는 뜻으로 talk의 가장 기본적인 표현이다. 아래 표현들은 빈출표현으로 암기해둔다.

✔ 핵심포인트

It's been good talking to you	만나서 반가웠어
We need to talk	우리 얘기 좀 하자
I want[I'd like] to talk to you	얘기 좀 하자
Who do you think you're talking to?	내가 그렇게 바보처럼 보이냐?

📓 이렇게 쓰인다!

Would you like to talk to someone else?
다른 사람과 이야기할래?

I need to talk to Mr. James immediately.
제임스 씨와 바로 얘기해야 돼.

Can I talk to you for a second?
잠깐 얘기 좀 할 수 있어요?

She is talking to someone else now.
걘 지금 다른 사람과 얘기 중이야.

💬 이렇게 말한다!

A: **Is it okay if I phone after lunch?**
B: **No problem. I'll talk to you then.**
　A: 점심시간 후에 전화해도 되니?
　B: 상관없어. 그럼 그때 얘기하자.

✏ 영어문장필사해보기

• 제임스 씨와 바로 얘기해야 돼.

talk with
002
…와 이야기하다

같은 의미이지만 이번에는 talk with sb로 「…와 이야기하다」라는 뜻이다. talk를 명사로 해서 have a talk with라 해도 된다.

✓ 핵심포인트

talk with sb	…와 이야기하다
have a talk with sb	…와 이야기하다
have a little talk with	…와 잠깐 이야기하다
make small talk with	…와 잠깐 이야기하다

📓 이렇게 쓰인다!

We're going to have to talk with your daughter.
당신 딸하고 얘기해야겠어요.

Nice talking with you. See you around.
만나서 즐거웠어. 또 봐.

I'm going to have to have a talk with Julie.
줄리와 이야기해야 될거야.

They are still talking with a cop at the police station.
걔네들은 아직 경찰서에서 경찰과 얘기하고 있어.

💬 이렇게 말한다!

A: **Some students have trouble in classes.**
B: **They should talk with somebody and get help.**
　A: 일부 학생들은 수업에 문제를 느끼고 있어.
　B: 걔들은 누군가와 이야기하고 도움을 받아야 해.

영어문장필사해보기 ✏️

• 줄리와 이야기해야 될거야.

talk about
…에 대해 이야기하다

이야기를 받아주는 대상을 말할 땐 to, with를 쓰지만 이야기하는 내용은 about을 쓴다. 따라서 「…에 관해 이야기하다」는 talk about이라 쓴다. 하지만 간혹 about을 빼고 말하기도 한다.

✓ 핵심포인트

talk about+명사[what/how]~ …에 대해[…을] 이야기하다
Can we not talk about~? …을 얘기하지 말자

I don't want to talk about it[this].
이 얘기하기 싫어.

Wait a minute! Are you two talking about the same guy?
잠깐만! 너희 둘 지금 같은 애 말하는거야?

Can we not talk about that?
그 얘기하지 말자.

Can we talk about this later? I have to go right now.
이 얘기는 나중에 하자. 나 지금 바로 가야 돼.

I can't talk about it here. It's complicated.
여기서 그거 말 못해. 복잡해서.

She's embarrassed. She doesn't want to talk about it.
걘 당황해서 그 얘길 하고 싶지 않아해.

Do we have to talk about this right now?
지금 이 얘기를 해야 돼?

How about we talk about this over dinner?
저녁하면서 이 문제 얘기해보면 어때?

What? What are you talking about? That's not possible.
뭐라고? 너 지금 무슨 얘기하는거야? 그거 불가능한 이야기야.

I don't even know what you're talking about.
난 네가 무슨 이야기를 하는지 모르겠어.

💬 이렇게 말한다!

A: Shall we go on vacation together?
B: I'm not sure. **Let's talk about it.**
    A: 함께 휴가 갈까?
    B: 몰라. 얘기해보자.

A: I'm going to talk to my boss today.
B: Are you going to **talk about** your contract?
    A: 오늘 사장님께 의논드리려고 해요.
    B: 계약에 관한 얘기를 하실 건가요?

A: What do you think about my proposal?
B: **We need to talk about that.**
    A: 내 제안에 대해 어떻게 생각해?
    B: 거기에 대해 얘기 좀 해야 되겠어.

✏️ 영어문장 필사해보기

- 잠깐만! 너희 둘 지금 같은 애 말하는거야?

- 저녁하면서 이 문제 얘기해보면 어때?

Let's talk~
…을 이야기하자

상대방에게 어떤 이야기를 하자고 할 때 쓰는데 Let's talk about~은 「…에 관해 이야기하자」, Let's talk to sb는 「…에게 이야기하자」, 그리고 Let's not talk~은 「…을 이야기하지 말자」라는 뜻이 된다.

✓ 핵심포인트

Let's talk (about)~	…에 관해 이야기하자
Let's talk to sb	…에게 이야기하자
Let's not talk to sb	…에게 이야기하지 말자

📝 이렇게 쓰인다!

First of all, let's talk about that.
제일 먼저 그 얘기 하자.

So let's talk about what you can do for me.
네가 날 위해 뭘 할 수 있는지 얘기해보자.

Let's not talk about the past. We'll just let it go.
과거 얘기는 하지 말자. 그냥 잊어버리자.

Let's not talk to Mom about this.
이건 엄마한테 얘기하지 말자.

💬 이렇게 말한다!

A: **Let's talk about our plans for tomorrow.**
B: **I really want to go jet skiing.**
　　A: 우리 내일 계획을 이야기해보자.
　　B: 정말로 제트 스키하러 가고 싶어.

• 과거 얘기는 하지 말자. 그냥 잊어버리자.

I'm talking~
난 …을 얘기하는 중이야

talk이 진행형으로 쓰인 경우. I'm talking~, You're talking~, 그리고 Are you talking~? 등으로 쓰이는데 참고로 I'm talking to you!는 내가 하는 말 좀 잘 들어봐!, Are you talking to me?는 나한테 하는 말이야?라는 뜻.

✓ 핵심포인트

I'm[We're] talking~	…을 말하고 있어, …와 말하는 중이야
You're talking~	넌 …을 말하고 있어, …을 말하는거야
Are you talking~?	…을 말하는거야?

📝 이렇게 쓰인다!

I'm talking about chicks, not gambling.
노름이 아니라 여자애들 말하는거야.

You're talking to the wrong man.
딴데가서 얘기해.

Are you talking about getting married?
결혼하는거 말하는거야?

We're talking about our relationship.
우리는 우리 사이를 말하는거야.

💬 이렇게 말한다!

A: **What are you talking about?**
B: **I'm talking about me having a baby.**
　　A: 무슨 말이야?
　　B: 내가 임신했다는 이야기야.

영어문장필사해보기 ✏️

• 우리는 우리 사이를 말하는거야.

talk 006 ~what you're talking about 네가 말하는 것

좀 긴 명사구지만 ~what you're talking about(네가 이야기하는 것)이나 ~what I'm talking about(내가 이야기하는 것)은 know 등의 동사와 결합하여 자주 쓰인다.

✓ 핵심포인트

| ~what you're talking about | 네가 말하는 것 |
| ~what I'm talking about | 내가 이야기하는 것 |

📓 이렇게 쓰인다!

I know what you're talking about.
그럴 만도 해.

This is exactly what I'm talking about.
이게 바로 내가 얘기하는거야.

You know who I'm talking about.
내가 누구 이야기하는 줄 알잖아.

I have no idea what you're talking about.
네가 무슨 얘기하는지 모르겠어.

💬 이렇게 말한다!

A: I saw you out with another woman.
B: I don't know what you're talking about.
    A: 네가 다른 여성과 있는 것을 봤어.
    B: 무슨 얘기야?

✏️ 영어문장필사해보기

• 이게 바로 내가 얘기하는거야

talk like that
그렇게[그런 식으로] 말하다

like that은 「그처럼」이란 뜻이고 여기에 talk이 붙어 talk like that하면 「그런 식으로 말하다」가 된다. 상대방이 지나치거나 버릇없이 얘기할 때 쓰면 된다.

✅ 핵심포인트
| talk like that | 그렇게 말하다 |

 이렇게 쓰인다!

You don't talk to me like that. I am your mother!
난 네 엄마야. 그런 식으로 말하지마!

Jack, you don't talk like that to anyone.
잭, 누구한테도 그런 식을 말하지마.

Don't talk like that. Everything is going to be fine.
그런 식으로 말마. 다 좋아질거야.

You shouldn't be talking like that at all, Sara.
새러야, 절대 그런 식으로 말하면 안돼.

💬 이렇게 말한다!

A: **We need to break up soon.**
B: **Don't talk like that. I love you.**
  A: 우린 곧 헤어져야 돼.
  B: 그런 식으로 얘기하지마. 널 사랑해.

✏️ 영어문장필사해보기

• 그런 식으로 말마. 다 좋아질거야.

talk sb into[out of] +명사/~ing
…에게 얘기해서…하게 하다[하지 못하게 하다]

talk sb~ 다음에 into+명사[~ing]를 붙이면 「…을 설득하여 …하게 하다」, 그리고 talk sb~ 다음에 out of+명사[~ing]를 붙이면 반대로 「…을 설득하여 …하지 못하게 하다」라는 뜻이 된다.

✓ 핵심포인트

talk sb into+명사[~ing]	…에게 얘기해서 …하게 하다
talk sb out of+명사[~ing]	…에게 얘기해서 …못하게 하다

📔 이렇게 쓰인다!

I talked him out of it. You can stop worrying about that.
걔에게 말해서 일을 중단시켰어. 그만 걱정해도 돼.

I'm glad you talked me into this.
내가 이걸 하게 해줘서 고마워.

How did she talk me into doing that?
어떻게 걔가 날 이거 하게 할 수 있었어?

I don't know how to thank you. You talked me into it.
뭐라고 고마워해야 할지. 너 때문에 내가 이걸 하게 됐어.

💬 이렇게 말한다!

A: I thought Tim wasn't going to bungee jump.
B: I talked him into coming along.

    A: 팀이 번지점프를 안할거라 생각했어.
    B: 내가 걔를 설득해서 같이 가지고 했어.

🖊 영어문장필사해보기

• 걔에게 말해서 일을 중단시켰어. 그만 걱정해도 돼.

talk over
논의하다, 토의하다

「논의하다」라는 뜻으로 함께 논의할 사람은 with sb로 붙여주면 된다. 비슷한 표현으로 talk out하면 어떤 문제를 풀기 위해 끝까지 철저히 논의하다라는 뜻이 된다.

✓ 핵심포인트

talk over	논의하다, 토의하다
talk it over with sb	…와 그것에 대해 얘기하다

📝 이렇게 쓰인다!

I have to talk it over with the boss right now.
사장님하고 지금 바로 논의해야겠어.

We'll talk it over at the office tomorrow.
내일 사무실에서 논의할거야.

We're going to talk over the party plans.
우리는 파티계획을 논의할거야.

Talk it over. You have 2 days.
의논해봐. 이틀을 주지.

Talk it over with your wife. You have 2 days.
아내하고 그거에 대해 얘기해봐. 이틀 남았어.

💬 이렇게 말한다!

A: **Our plan was a failure.**
B: **Let's talk over what to do next.**

    A: 우리 계획은 실패였어.
    B: 앞으로 할 일에 대해 논의하자.

✏️ 영어문장필사해보기

• 내일 사무실에서 논의할거야

talk to oneself
혼잣말하다

지금까지는 다른 사람에게 이야기하는 것이었지만 이번에는 자기 자신에게 이야기하는 경우. 스스로에게 말한다는 의미로 「혼잣말하다」라는 뜻이다. 주로 진행형으로 많이 쓰인다.

✓ 핵심포인트
talk to oneself   혼잣말하다

📒 이렇게 쓰인다!

I was talking to myself!
나 혼잣말하는거였어!

I'm a bad liar, and I can't even lie about talking to myself.
난 거짓말에 서툴러, 혼잣말할 때조차 거짓말을 못해.

Sam's gone, and she was sitting here talking to herself like a crazy person.
샘은 가버렸고 걘 여기 앉아 미친 사람처럼 혼잣말을 했어.

Were you just talking to yourself?
혼잣말 하는거였어?

💬 이렇게 말한다!

A: Who was talking in the other room?
B: Suzy talks to herself sometimes.
    A: 다른 방에서 누가 얘기하고 있는거야?
    B: 수지는 가끔 혼자 얘기해.

✏️ 영어문장필사해보기

• 난 거짓말에 서툴러, 혼잣말할 때조차 거짓말을 못해.

Get More

- **talk back** 말대꾸하다

    Don't talk back to your teacher. 선생님한테 말대답하지마라.

- **talk about ~ behind one's back** …을 뒤에서 험담하다

    She's very good at talking about me behind my back.
    걘 내 뒤에서 험담하는데 일가견이 있어.

- **talk dirty to~** …에게 야한 말을 하다

    I love when you talk dirty to me. 네가 야한 말 할 때가 좋더라.

- **talk one's way out of** …어려운 상황에서 빠져나오다

    You're not going to talk your way out of this.
    넌 여기서 빠져나오지 못할거야.

- **talk the same language** 말이 통하다

    We're talking the same language. 이제 얘기가 된다.
    You're talking my language. 넌 나하고 말이 통해.

- **talk sb through sth** …에게 잘 설명해서 이해시키다

    You want to talk me through this? 이거 내게 이해시켜줄래?

- **talk some sense into sb** 분별있게 행동하도록 …을 설득하다

    I'd try one more time to talk some sense into her.
    걔가 분별있게 행동하도록 한번 더 노력할게.

- **Talk about~** …에 관해 최고다

    Talk about selfish! 이기적인 건 따라 갈 사람이 없다!

Get More

▶ **small talk** 잡담, 한담

    It was just small talk. 그냥 잡담이었어요.

What are we talking about? 우리 지금 무슨 이야기하는거야?
What are you talking about? 무슨 소리야?
Can we talk? 얘기 좀 할까?
Can we have a talk? 이야기 좀 할 수 있겠니?
I'm sorry I can't talk long. 미안하지만 오래 못있어.
Let's talk. 같이 이야기해보자.
Let's talk later. 나중에 이야기하죠.
Look who's talking. 사돈 남 말하네.
Money talks. 돈으로 안 되는 일 없지.
Now you're talking! 그래 바로 그거야!, 그렇지!
You're one to talk. 사돈 남 말하시네.
Keep talking. 계속 이야기해봐.
You're such a big talker. 넌 너무 말이 많아.
She's a smooth talker. 쟤는 정말 말 잘해.
Let's just talk turkey. 본론으로 들어가죠.

11/12. 모르면 물어봐야
Ask / Answer

모르면 물어봐야 하는 법. ask는 묻다, 요구하다라는 기본적인 의미를 갖는 동사로 ask sth 혹은 ask sb sth의 형태로 주로 쓰인다. 또한 tell과 달리 ask sb to+동사하게 되면 「… 에게 …해달라고 부탁하다」는 의미로 쓰이며 ask for sth은 「…를 부탁하다」, 「요청하다」라는 의미로 사용된다는 점을 알아둔다.

 Ask 기본개념

01. 질문하다, 묻다
Hey, can I ask you something? 저기, 뭐 좀 물어봐도 돼?
I have to ask you something. 뭐 좀 물어봐야겠어.

02. (도움, 조언, 정보 등을) 요청하다
Is that [it] too much to ask? 그게 내가 너무 많이 요구하는거야?
That's all I ask. 내가 바라는 건 그 뿐이야.

03. …에게 …해달라고 부탁하다(ask sb to do)
Did my wife ask you to lie for her? 내 아내가 네게 거짓말시켰어?

04. Answer : 대답하다
Go ahead and ask. He won't answer. 어서 물어봐. 걘 대답하지 않을거야.
You ask, I'll answer. 네가 물어봐, 내가 답해줄게.

ask sb something
…에게 뭔가 물어보다

ask me(you) something의 형태로 물어보는 것을 바로 언급하지 않고 「뭔가 물어본다」는 의미로 쓰이는 경우이다. 다만 anything이 되면 뭔가 물어보는게 아니라 「뭐든지 다 물어보라」는 말이 된다.

✓ 핵심포인트

Let me ask you something	뭐 좀 물어볼게
Can I ask you something?	뭐 좀 물어봐도 돼?
I have to ask you something now	지금 뭐 좀 물어봐야 돼

📝 이렇게 쓰인다!

Is Jill around? I have to ask her something.
질 있어? 걔한테 뭐 좀 물어봐야 돼.

I don't want to lose you. So ask me anything you want.
널 잃고 싶지 않아. 그러니 원하는 걸 다 물어봐.

Are you here to ask me that?
그거 물어볼려고 여기 온거야?

Sure. You can ask me anything.
그럼 뭐든지 물어봐.

💬 이렇게 말한다!

A: Can I ask you something?
B: Sure. Go ahead.
  A: 뭐 좀 물어봐도 돼?
  B: 그래. 해봐.

✏️ 영어문장필사해보기

• 널 잃고 싶지 않아. 그러니 원하는 걸 다 물어봐.

ask (sb) a question
(…에게) 질문하다

이번엔 sth 대신에 a question이 오는 경우로 「…에게 질문을 하다」라는 의미이다. 앞의 경우와 마찬가지로 뭔가 질문을 단도직입적으로 하기 전에 던지는 문장. 물어보는 내용을 함께 말하려면 ~question about~ 이라고 하면 된다.

✓ 핵심포인트

Let me ask you a question	질문 하나 할게
Can I ask you a question?	질문 하나 해도 돼?
We need to ask you a few questions	네게 질문 몇 개 해야 돼

📝 이렇게 쓰인다!

Could I ask you a question? It's important.
질문해도 돼? 중요한건데.

Do you mind if we ask you a few questions?
질문 몇 개 해도 될까요?

May I ask you a couple of questions?
질문 몇 개 해도 돼요?

Can I ask you a question about the birthday gifts?
생일선물에 대해 하나 물어봐도 돼?

💬 이렇게 말한다!

A: **May I ask you a question?**
B: **Sure. What would you like to ask me?**
  A: 질문 하나 해도 될까요?
  B: 그럼요. 뭘 물어보고 싶은데요?

✏️ 영어문장필사해보기

- 질문해도 돼? 중요한건데.

ask sb a favor
…에게 호의를 부탁하다

역시 ask A B의 형태표현. 앞서 나온 do sb a favor가 「…에게 호의를 베풀다」임에 반해 ask sb (for) a favor는 「…에게 호의를 베풀어달라」고 부탁하는 표현이다.

✓ 핵심포인트

ask sb (for) a favor 호의를 부탁하다
do sb a favor 호의를 베풀다

이렇게 쓰인다!

I need to ask you for a favor. It's urgent.
너한테 부탁할게 하나 있어. 급해.

I'm calling to ask you for a favor.
부탁 하나 하려고 전화했어.

Can I ask you for a big favor?
어려운 부탁 하나 해도 될까요?

이렇게 말한다!

A: Can I ask you for a favor?
B: Sure. What is it?

A: 부탁하나 해도 될까?
B: 물론. 뭔데?

영어문장필사해보기

• 너한테 부탁할게 하나 있어. 급해.

ask sb about~
…에게 …에 관해 물어보다

다른 사람에게 어떤 정보를 구하는 경우. ask sb about+명사의 형태로 「…에 관해 이런 저런 것을 물어본다」는 표현이 된다.

✓ 핵심포인트

I need to ask you about+명사	…에 대해 물어볼게 있어
Don't ask me about+명사	…에 대해 내게 묻지마

📝 이렇게 쓰인다!

I need to ask you about your brother.
네 형에 대해 물어볼게 있어.

I have something to ask you about the wedding ceremony.
네게 결혼식에 대해 뭐 좀 물어볼게 있어.

Please, don't ask me about this again.
다시는 이런 부탁하지 말아줘.

I'll ask her about this.
걔한테 이것 좀 물어볼게.

💬 이렇게 말한다!

A: The students asked Ed about his trip to Africa.
B: What did he say? Was it interesting?
　A: 학생들이 에드에게 그의 아프리카 여행에 대해 물었어.
　B: 걔가 뭐라고 말하디? 재미있었대?

✏️ 영어문장필사해보기

- 네게 결혼식에 대해 뭐 좀 물어볼게 있어.

ask sb to ~
…에게 …해달라고 부탁하다

ask sb to+동사 형태로 「…에게 ~을 해달라고 부탁하다」란 의미. 상대방에게 「…를 좀 부탁드려도 될까요?」라고 말할 때 이 표현을 사용한다.

✓ 핵심포인트

| I'm going to (have to) ask you to+동사 | 네게 …해달라고 할거야[해야 될거야] |
| I'm not asking you to+동사 | …해달라는게 아냐 |

📓 이렇게 쓰인다!

I'm going to have to ask you to leave now.
그만 가보셔야 되겠네요.

I didn't ask you to do it!
너보고 그거 해달라고 하지 않았잖아!

I'm not asking you to set me up.
만남을 주선해달라는 얘기가 아니야.

You came down here to ask me to marry you?
넌 여기와서 내게 청혼하는거야?

💬 이렇게 말한다!

A: **Where is the report I asked you to do?**
B: **I'm still working on it.**
　　A: 내가 부탁한 보고서는 어디 있나요?
　　B: 아직 하고 있는데요.

✏️ 영어문장필사해보기

• 너보고 그거 해달라고 하지 않았잖아!

ask (sb) what[when~]
(…에게) …을 물어보다

물어보는게 좀 길 경우에는 ask (sb)+의문사절로 하면 된다. 우선 wh~로 시작하는 what, when, where, who, why의 경우이다.

✓ 핵심포인트

Can I ask you wh~ 주어+동사?   …을 물어봐도 돼?
Can I ask why (not)?   왜인지(왜 아닌지) 물어봐도 돼?

📓 이렇게 쓰인다!

Can I ask you what happened here?
여기 무슨일인지 물어봐도 돼?

She will ask me where it came from.
그거 어디서 난건지 걔가 물어볼거야.

People ask me why we're not together.
왜 우리가 같이 안있는지 사람들이 물어봐.

Can I ask you what school you attended?
너는 어느 학교 나왔어?

💬 이렇게 말한다!

A: Ask Dad what he wants to do tonight.
B: He said he's going to the baseball game.

    A: 아빠에게 오늘 밤 뭐하고 싶은지 물어봐.
    B: 야구 경기 보러가고 싶대요.

✏️ 영어문장필사해보기

• 그거 어디서 난건지 걔가 물어볼거야.

ask (sb) if[how]~
(…에게) …를 물어보다

이번에는 ask (sb)~ 다음에 if절이나 how절 또는 how to+동사가 오는 경우이다. 특히 ask me if의 형태가 많이 쓰인다.

✓ 핵심포인트

ask sb if S+V	…인지 …에게 물어보다
ask sb how S+V	어떻게 …인지 물어보다

📒 이렇게 쓰인다!

Ask me if she was good in bed.
걔가 잠자리 잘하는지 내게 물어봐.

You never asked me if I lived in Germany.
내가 독일에서 살았는지 넌 내게 물어본 적이 없어.

He asked me how much I loved my wife.
내가 아내를 얼마나 사랑했는지 걔가 물어봤어.

She asked me if I have an interest in movies.
내가 영화에 관심있는지 걔가 물어봤어.

💬 이렇게 말한다!

A: I want to get this report done before I go home.
B: Feel free to ask if you have any questions.

A: 집에 가기 전에 리포트를 끝내고 싶어.
B: 질문 있으면 언제라도 해.

영어문장필사해보기 ✏️

• 내가 독일에서 살았는지 넌 내게 물어본 적이 없어.

ask oneself~
스스로에게 묻다, 자문해보다

이번에는 다른 사람에게 물어보는 것이 아니라 자기 자신에게 물어본다는 의미의 표현. ask oneself~ 다음에 if 절이나 how절 또는 how to+동사가 오는 경우이다.

✓ 핵심포인트

ask oneself if[how]~	…을 자문하다
ask oneself how to+동사	어떻게 …하는지 자문하다

📓 이렇게 쓴다!

Well then ask yourself this.
그럼 자신한테 물어봐.

You should ask yourself why you're doing that.
왜 그러는지 스스로에게 물어봐.

I'd have to ask myself what kind of person would do that.
어떤 종류의 사람이 그렇게 할지 자문해봐야겠어.

💬 이렇게 말한다!

A: I spent thirty years working in an office.
B: Did you ever ask yourself if you enjoyed it?
    A: 한 사무실에서 일하면서 30년을 보냈어.
    B: 즐겼는지 한번이라도 자문해봤어?

✏️ 영어문장필사해보기

- 왜 그러는지 스스로에게 물어봐.

ask for
…를 부탁하다

for 이하를 부탁하거나 바라는 것으로 for 다음에 사람이 오면 「…와 얘기하고 싶다」는 말이 되기도 한다. 부탁을 들어주는 사람을 표시하려면 ask sb for~라 한다.

✓ 핵심포인트

ask (sb) for~	(…에게) …을 부탁하다, 바라다
ask for it[trouble]	자업자득이다
You asked for it!	자업자득이지!, 네가 자초한 일이잖아!
(I) Couldn't ask for more	최고야, 더 이상 바랄게 없어

📓 이렇게 쓰인다!

You don't have to ask for my permission.
내 허락을 부탁할 필요가 없어.

Why didn't you just ask me for the money?
왜 내게 돈을 빌려달라고 안했어?

She didn't really ask for you, she asked for me.
걘 네가 아니라 내게 부탁했어.

She's the one who asked for the divorce.
이혼을 요구한 건 바로 그녀였어.

💬 이렇게 말한다!

A: I need to ask for some help here.
B: You name it. What can I do for you?

A: 이것 좀 도와줘야겠는데.
B: 말만해. 뭘 도와줘야 하지?

📝 영어문장필사해보기

• 이혼을 요구한 건 바로 그녀였어.

ask sb out
데이트신청하다, 초대하다

기본적으로 「…를 밖으로 초대하다」라는 뜻. 더 나아가 「…에게 데이트신청을 하다」라는 의미를 전달할 때는 ask sb out (on a date)이라고 한다.

✓ **핵심포인트**

ask sb out for[to] ~	…을 …에 초대하다
ask sb out (on a date)	데이트 신청하다

📓 **이렇게 쓰인다!**

I asked Sara out for dinner tonight.
새러한테 오늘밤에 저녁식사 하자고 했어.

He asked me out.
걔가 데이트 신청했어.

Are you asking me out on a date?
나한테 데이트 신청하는거야?

Our client asked me out to dinner.
내 고객이 내게 저녁 데이트 신청을 했어.

💬 **이렇게 말한다!**

A: **Are you planning to ask Brian out?**
B: **No, I'm too shy to ask a boy out.**
　A: 브라이언에게 데이트신청 할거야?
　B: 아니. 남자에게 데이트하자고 하기에는 내가 너무 수줍어.

✏️ **영어문장필사해보기**

- 나한테 데이트 신청하는거야?

be asked to
…하도록 요청받다, 얘기를 듣다

ask sb to do~의 수동태형으로 be asked to do~하게 되면 다른 사람에게서「내가 …하라는 요청을 받았다」라는 말이 된다. be told to do~가 지시적인 성격이 강하다는 측면만 빼면 같은 맥락의 표현이다.

✓ 핵심포인트

be asked to+V	…하도록 요청받다
be told to+V	…하도록 지시받다

📓 이렇게 쓰인다!

I was asked to go there instead of Karl.
칼 대신 내가 거기 가라는 요청을 받았어.

I thought you were asked to come home.
여기 오라는 얘기를 들었을텐데.

I was asked to give this to you.
이걸 너한테 주라고 하던데.

Two of you will be asked to leave.
둘 다 떠나라는 얘기를 들을거야.

💬 이렇게 말한다!

A: Why is Alice so excited today?
B: Someone asked her out to the dance.

A: 오늘 앨리스가 왜 그렇게 흥분해있니?
B: 누가 댄스 파티에 같이 가자고 했나봐.

✏️ 영어문장필사해보기

• 칼 대신 내가 거기 가라는 요청을 받았어.

answer sb[sth]
…에(게) 답을 하다

물어봤으면(ask) 답을 해야(answer) 하는 법. 주로 answer 다음에 사람이나 사물을 써서 「…에게, …에 답하다」라는 뜻으로 쓰이는데 아예 두 개의 목적어를 다 받아서 answer sb sth의 형태로도 쓰인다.

✓ 핵심포인트

answer sb[sth]	…에(게) 답하다
answer sb sth	…에게 …를 답하다
Don't answer that	그거에 답하지마
Don't answer now	지금 답하지마
I can't answer that	난 그거에 답할 수 없어

📝 이렇게 쓰인다!

Just answer me this. Why did we break up?
내게 이거 답을 해. 우리가 왜 헤어진거야?

I will expect you to answer me.
네가 내게 답해줄거라 기대할게.

Don't answer me. It's your choice.
내게 답하지마. 네 자유야.

Why didn't you answer my e-mail?
왜 내 이 멜에 답을 안 한거야?

💬 이렇게 말한다!

A: Stop wasting time surfing the Internet.
B: I must answer an e-mail before I log off.
　A: 인터넷 서핑하는데 시간낭비 하지 마라.
　B: 로그오프 전에 이메일에 답해야 돼.

영어문장필사해보기 ✏️

• 내게 이거 답을 해. 우리가 왜 헤어진거야?

answer one's question
…의 질문에 답을 하다

이번엔 구체적으로 질문(question)이란 단어를 목적어로 취해서 「…질문에 답을 하다」라는 뜻으로 쓰이는 표현. answer my[your] question이 가장 많이 쓰이는 형태이며 질문이 두 개 이상일 땐 당연히 questions라 한다.

✓ 핵심포인트

answer my question	내 질문에 답하다
answer your question	네 질문에 답하다

📒 이렇게 쓰인다!

Don't answer that question.
그 질문에 답하지마.

That didn't answer my question.
그건 내 질문에 답이 되지 않았어.

She'll answer your questions when she's ready.
걘 준비되면 네 질문에 답할거야.

I'm very happy to answer your questions.
기쁜 마음으로 네 질문에 답해줄게.

💬 이렇게 말한다!

A: Is your girlfriend dating another guy?
B: I asked her but she wouldn't answer my question.
　A: 네 여친이 다른 남자와 데이트하니?
　B: 물어봤는데 답 안하려고 해.

영어문장필사해보기 ✏️

• 걘 준비되면 네 질문에 답할거야.

answer the phone[call, door] 전화를 받다, 문을 열어주다

answer의 목적어로 the phone, call, door 등이 오는 경우로 걸려 오는 전화, 노크소리에 응답한다는 의미. 자기가 못받고 상대에게 받아달라고 할 땐 서로 무엇인지 알고 있는 상태로 그냥 it을 써서 'answer it'이라고 한다.

✓ 핵심포인트

answer the phone	전화를 받다
answer one's cell phone	핸드폰을 받다
answer the door	문 열어주러 가다

📝 이렇게 쓰인다!

He's not answering his cell phone.
걘 핸드폰 받질 않아.

Will you please answer the phone?
전화 좀 받아 줄래?

Please answer the door.
누가 왔나 나가 봐라.

Could you answer it for me?
(전화벨소리에) 그거 좀 받아줄래?, (초인종소리에) 그거 좀 열어줄래?

💬 이렇게 말한다!

A: **Did you answer the phone?**
B: **I did, but they hung up as soon as I answered.**
  A: 전화 받았니?
  B: 응, 그런데 내가 받자마자 끊어버렸어.

영어문장필사해보기 ✏️

• 전화 좀 받아 줄래?

give sb an answer
…에게 답을 주다

다른 사람에게 해결책 혹은 대답을 준다는 의미로 give sb an answer라고 하며 역시 해결책의 대상은 to 이하로 붙이면 된다.

✓ 핵심포인트

| give sb an answer | …에게 답을 주다 |

📝 이렇게 쓰인다!

I thought you could give me an answer to my question.
네가 내 질문에 대한 답을 줄 수 있을까 하는데.

I'd like to give you an answer after work.
퇴근 후에 답을 줄게.

I'll give you a firm answer by Friday.
금요일까지는 확답을 줄게.

Please give me an answer within 3 days.
3일 이내에 답을 주세요.

💬 이렇게 말한다!

A: Could you give me an answer by tomorrow?
B: Sure, I'll let you know by tomorrow.
    A: 내일까지 알려주시겠어요?
    B: 그러죠, 내일까지 알려드릴게요.

✏️ 영어문장필사해보기

• 금요일까지는 확답을 줄게.

Get More

▸ **if you ask me** 내 생각은, 내 생각을 말한다면

If you ask me, we aren't getting paid enough.
내 의견을 말하자면, 우리 급여는 충분하지 않아.
If you ask me, you're making a huge mistake.
내 생각을 말하자면 넌 지금 큰 실수하고 있는거야.

▸ **Whatever you ask** 말만해

Whatever you ask, I will do. 뭐든지 부탁만 해, 내가 다 들어줄게.

▸ **All I'm asking is for you to~** 내가 너한테 바라는 것은 …밖에 없어

All I'm asking is for you to leave! 제발 좀 나가주라!

▸ **Feel free to ask** 뭐든 물어봐, 맘껏 물어봐

Feel free to ask if you have any questions. 질문있으면 언제라도 해.

May I ask who's calling? (전화상) 누구시죠?
It doesn't hurt to ask. 물어본다고 손해볼 것 없다.
Don't ask me. 나한테 묻지마.
Don't ask. 모르는게 나아, 묻지마 다쳐.
Who asked you? 누가 너한테 부탁했어?
Who asked your opinion? 누가 너더러 물어봤어?
I shouldn't have asked. 물어보지 말았어야 했는데.
If there's anything you need, don't hesitate to ask.
필요한게 있으면 주저말고 말씀하세요.

13.
험한 세상, 확인하고 또 확인해야

Check

막다, 제지하다라는 뜻도 있지만 일상생활영어에서는 주로 확인하다라는 의미로 쓰인다. check sth으로 단순히 어떤 것을 확인할 수도 있고 check if~로 어떤 사실을 확인해볼 수도 있다. 또한 역시 확인한다는 의미에서 호텔에서 입실절차를 확인하고 들어가거나 나오는 것 혹은 공항 check-in counter에서 짐을 부치는 것 혹은 도서관에서 책을 대출하는 것 등을 의미하는 등 다양하게 사용되는 핵심동사이다.

 Check 기본개념

01. 제지하다, 확인하다
Do you want me to check again? 다시 확인해볼까요?
Why don't we check this area again? 이 지역을 다시 한번 둘러보자.
Where can I go to check my e-mail? 어디 가서 이메일을 볼 수 있나요?
Honey, I'm just checking. 자기야, 그냥 확인해보는거야.

02. (짐을) 부치다, (호텔 등에) 체크인(~in), 체크아웃하다(~out)
How many pieces of luggage are you checking?
부치실 짐이 몇 개 인가요?
How can I get to the check-in counter?
탑승수속 카운터는 어디로 가나요?
She's checking the coats. 걘 코트 맡기고 있어요.

03. (명사) 조사, 점검, 수표, (식당) 계산서
What did the doctor say at your check-up today?
오늘 검진에서 선생님이 뭐래?
I'll pay by check. 수표로 낼게요.

check one's schedule
스케줄을 확인하다

check의 가장 많이 쓰이는 의미는 뭐니뭐니 해도 「확인하다」이다. 먼저 check 다음에 명사가 와서 「…을 확인하다」라는 표현을 알아보는데 명사 아닌 대명사 it, that, this 등이 check의 목적어로 나올 수도 있다.

✓ 핵심포인트

check one's schedule 스케줄을 확인하다
check one's messages 메시지를 확인하다

📝 이렇게 쓰인다!

First of all, let me check my schedule.
먼저, 일정 좀 보고.

I went there to check the schedule.
난 거기에 일정을 확인하러 갔었어.

Do you mind if I check my messages?
내 메시지 확인해도 돼?

I can check that for you.
널 위해 확인해줄게.

💬 이렇게 말한다!

A: I wonder if we could get together on the 15th.
B: First of all, let me check my schedule.
　A: 15일에 만날 수 있을까.
　B: 먼저, 일정 좀 보고.

✏️ 영어문장필사해보기

• 먼저, 일정 좀 보고.

13. 험한 세상, 확인하고 또 확인해야 Check

Let me check~
···을 확인해볼게

앞서 배운 let me+동사의 구문을 활용한 것으로 단순한 대상을 확인할 때는 Let me check+ 명사를 쓰면 된다. 그냥 Let me check(확인해볼게)이라고도 많이 쓰인다.

✔ 핵심포인트

Let me check	확인해볼게
Let me check+명사 	···을 확인해볼게

📝 이렇게 쓰인다!

Let me check your blood pressure.
혈압 좀 재볼게요.

Let me check the computer to see if there are any seats left.
자리가 남아 있는지 컴퓨터로 확인해볼게요.

Just a moment. Let me check the other list.
잠시만, 다른 리스트 확인해볼게.

Hold on. Let me check.
잠깐만. 내가 확인해볼게.

Let me check your temperature.
체온 재볼게요.

💬 이렇게 말한다!

A: **Is that your car alarm going off?**
B: **Let me check outside and see.**

  A: 네 차에서 알람이 울리는거냐?
  B: 나가서 확인해볼게.

✏ 영어문장필사해보기

• 잠깐만. 내가 확인해볼게.

check if[whether]~
…인지 확인하다

check~ 다음에 절이 오는 경우로 주로 check if[whether] 주어+동사로 쓰이는데 다만 우리말처럼 「…을 확인해보다」라고 하려면 check to see if 주어+동사라고 한다.

✓ 핵심포인트

I'll check if[whether] S+V	…인지 알아볼게
check to see if[whether] S+V	…인지 확인해보다

📓 이렇게 쓰인다!

I'll check if he's finished working.
일을 끝냈는지 알아볼게.

Could you check if she's still a virgin?
걔가 아직 처녀인지 확인해줄래?

I'm just checking to see if she's okay.
난 걔가 괜찮은지 확인해보는거야.

Please check if Paris Hilton is coming to the party.
패리스 힐튼이 파티에 오는지 확인해봐.

💬 이렇게 말한다!

A: **I need a size ten or eleven.**
B: **I'll check to see if we have any in stock.**
　A: 10이나 11 사이즈로 주세요.
　B: 재고에 그 사이즈가 있는지 찾아보겠습니다.

✏️ 영어문장필사해보기

• 패리스 힐튼이 파티에 오는지 확인해봐.

double check
다시 확인하다

✓ **핵심포인트**

double check   다시 확인하다

Be sure to double-check the alarm system.
반드시 경보장치를 다시 한번 점검해.

I need you to double-check my meeting this afternoon.
오늘 오후 회의 다시 한번 확인해봐.

I'll be sure to double-check everything from now on.
지금부터 반드시 모두 다 재확인할게.

Let's double check.
다시 한번 확인해보자.

A: I think there's something wrong on the account.
B: Let me double check. Just a moment.
  A: 그 계좌가 뭔가 잘못된 것 같은데요.
  B: 다시 확인해보죠. 잠시만요.

영어문장필사해보기 ✎

• 지금부터 반드시 모두 다 재확인할게.

check out

확인(조사)하다, 바라보다, (호텔)체크아웃하다, (책을) 대출하다

check in의 반대표현으로 나갈 때(out) 확인(check)하는 것을 뜻해 「호텔이나 병원 등에서 체크아웃하다」 혹은 「책을 대출하다」 등의 의미. 하지만 「확인(조사)하다」, 「…을 쳐다보다」라는 뜻으로 더욱 많이 쓰인다.

✓ 핵심포인트

check sth out with sb …에게 …을 확인하다
I'd like to check out now 체크아웃을 하고 싶은데요
Check it[this] out! 이것 좀 봐!, 확인해 봐!

📓 이렇게 쓰인다!

I'll check it out.
내가 확인해볼게.

Hey, check out that girl! She is really hot!
야, 저 여자애 봐봐! 정말 섹시하다!

Your wife checked out two hours ago.
부인께서 두시간 전에 퇴실하셨어요.

I'm checking out the restaurant with Tim.
팀하고 식당 확인해볼거야.

💬 이렇게 말한다!

A: **What time is your check-out?**
B: **Guests need to check out by 11:00 am.**

   A: 여기는 몇시에 체크아웃 하나요?
   B: 손님은 오전 11시까지는 카운터에서 계산하고 나가셔야 합니다.

✏️ 영어문장필사해보기

- 부인께서 두시간 전에 퇴실하셨어요.

check in
(호텔 등에) 체크인하다, 입국수속하다, (가방) 맡기다

들어왔다고 혹은 도착했다고(in) 확인(check)해준다는 말로 「호텔 등에 투숙하거나 병원에 입원하는」 것을 말한다. check into라고 해도 된다. 또한 「공항에서 입국수속하거나」, 「짐을 맡기는」 것을 뜻하기도 한다.

✓ 핵심포인트

check in on sb[sth]	…을 확인해보다
check in with sb	…에게 왔음을 알리다
Check in, please	체크인요
I'd like to check in	체크인할게요
check into	…을 조사하다, (호텔 등) 투숙하다

📓 이렇게 쓰인다!

He checked in yesterday and paid with a credit card.
그 분은 어제 투숙했고 카드로 결제했어요.

When's the check-in time?
체크인이 언제예요?

Just check in with Becky when you're done.
네가 마치면 베키에게 확인해.

My father just checked into the hospital yesterday.
아버지가 어제 병원에 입원하셨어.

How would you feel about us checking into a romantic hotel tomorrow?
우리 둘이 내일 멋진 호텔에 투숙하는게 어떨 것 같아?

Good afternoon. Checking in?
안녕하십니까? 투숙하시려고요?

She checked into the Hilton for two nights.
걘 2박 3일 힐튼 호텔에 투숙했어.

I need you to check into her background.
걔의 배경을 조사해봐.

💬 이렇게 말한다!

A: We'll be able to check in at noon.
B: What will we do after we check in?
A: 우린 정오에 체크인 할 수 있어.
B: 체크인 한 후에 뭘 할 건대?

A: Security at the airport takes a long time.
B: I always arrive early to check in.
A: 공항 보안점검에 시간이 많이 걸려.
B: 나는 항상 체크인하러 일찍 도착해.

A: Who are you going to call?
B: I promised my wife I would check in with her.
A: 넌 누구에게 연락할거니?
B: 내가 아내에게 연락하기로 약속했었지.

✏️ 영어문장 필사해보기

• 체크인이 언제예요?

• 걘 2박 3일 힐튼 호텔에 투숙했어.

13. 험한 세상, 확인하고 또 확인해야 Check   253

check on
…을 확인하다

check on sb[sth]으로 …가 제대로 되었는지, 안전한지, 괜찮은 건지 등등을 확인해보는 것을 뜻한다.

✓ 핵심포인트

| check on sb[sth] | …을 확인하다 |

I called my apartment and checked on my grandma.
할머니 괜찮으신지 아파트에 전화했어.

Jack ran forward to check on what was going on.
잭은 무슨 일인지 확인해보려고 뛰어갔어.

I checked on her but she's a little unstable today.
걜 확인해봤더니 오늘 좀 불안정한 상태야.

Hold on. Let me just check on the baby!
잠깐. 애기 좀 확인해볼게!

이렇게 말한다!

A: **Where did Steve and Adrian go?**
B: **They had to check on their kids.**
　A: 스티브와 에이드리안이 어디로 갔니?
　B: 걔네들은 아이들 어떤지 확인하러 갔었어.

영어문장필사해보기 ✎

• 잭은 무슨 일인지 확인해보려고 뛰어갔어.

check over
자세히 검토하다

check over는 두루두루 전반적으로 확인한다는 점에서 뭔가 「자세히 검토한다」는 의미를 갖는다. 특히 의사, 기술자 등 전문가들이 검토하는 것을 말하기도 한다.

✓ 핵심포인트

check over	자세히 검토하다, (의사 등이) 전문적으로 조사하다
have sb checked over	…의 검사를 받다

📓 이렇게 쓰인다!

It's time you had the doctor checked over.
의사의 검사를 받아야지.

How long does it take for a mechanic to check the car over?
수리공이 차를 점검하는데 얼마나 걸려요?

The doctor is checking over a guy who just got run over by a bus.
의사가 방금 버스에 치인 남자를 자세히 검토하고 있어.

He's checking her over to make sure she isn't hurt.
그는 그녀가 다치지 않은 것을 확인하기 위해 자세히 확인하고 있어.

💬 이렇게 말한다!

A: You should check over this term paper.
B: Why? Are there mistakes on it?

A: 이 기말 리포트를 자세히 검토해봐라.
B: 왜요? 실수가 있나요?

✏️ 영어문장필사해보기

• 수리공이 차를 점검하는데 얼마나 걸려요?

check with
…에게 물어보다

check with sb하면 「…에게 확인차원에서 물어보는」 것을 말한다. 물어보는 내용을 말하려면 check with sb about sth이라고 하면 된다.

✓ 핵심포인트

check with sb	…에게 물어보다
check with sb about sth	…에게 …을 물어보다

📓 이렇게 쓰인다!

You'd better check with the boss.
사장님께 확인해봐.

Did you check with security?
경비에게 확인했어?

I wanted to check with you first.
너한테 제일 먼저 확인하고 싶었어.

Check with me about stuff like this.
이런 일은 내게 물어봐.

💬 이렇게 말한다!

A: She didn't check with her boss before she began.
B: I'll bet she's in trouble with him.

A: 걔는 일을 시작하기 전에 보스에게 물어보지 않았어.
B: 걔가 보스하고 문제가 생길게 확실해.

📝 영어문장필사해보기

• 경비에게 확인했어?

check up
조사하다, 확인하다

check up은 「진위를 조사하다」, 「…의 상태를 확인하다」라는 말로 의사가 「건강진단하다」라는 의미로도 쓰인다. 뒤에 ~on sb[sth]가 따르며 명사형으로 check(-)up하면 「건강진단」이라는 의미.

✓ 핵심포인트

check up (on sb[sth])	확인하다, 조사하다
check(-)up	(병원) 검진

이렇게 쓰인다!

I'm going to go check up on your friend.
네 친구가 어떤지 가봐야겠어요.

Your ex-wife came by this morning to check up on you.
네 전처가 오늘 아침 들러서 네 상태를 확인했어.

The doctor can check up on him here.
의사는 여기서 그의 건강진단을 할 수 있어.

I get a dental check-up every six months.
난 6개월마다 치과건강진단을 받아.

이렇게 말한다!

A: Vera doesn't look very healthy these days.
B: Tell her to schedule a check up with her doctor.
  A: 베라가 요즘 그다지 건강해 보이지는 않아.
  B: 의사와 검진 일정을 잡도록 말해봐.

영어문장필사해보기

• 난 6개월마다 치과건강진단을 받아.

check 011
check
수표

check은 또한 명사로 수표나 계산서 등을 뜻하게 된다. 그래서 식당 등에서 Check, please하게 되면 계산서 달라는 말이 된다.

✓ **핵심포인트**

| take[accept] checks | 수표를 받다 |

📓 **이렇게 쓰인다!**

Will you pay for this in cash or by check?
현금과 수표 중 어떤 걸로 지불할래요?.

I'm going to pay for this with a check.
이거 수표로 낼게요.

I'm sorry, we don't accept checks here.
죄송하지만 저희는 수표를 받지 않습니다

Could I have the check, please?
계산서 주시겠어요?.

Here's your check. That'll be $10.
여기 계산서요. 10달러입니다.

Could you cash this traveler's check for me?
이 여행자수표를 현금으로 바꿔주실래요?

Do you take checks?
수표를 받아요?

Do you accept traveler's checks?
여행자 수표를 받나요?

💬 **이렇게 말한다!**

A: **Can I pay for this drink with a check?**
B: **No, we only accept cash or credit cards.**
  A: 수표로 이 음료 값을 내도되나요?
  B: 아니. 우린 현금이나 크레디트 카드만 받아요.

14.
앉아 있지 말고 어서 일어나

Stand

stand는 그냥 서 있다라는 좀 썰렁한 의미이지만 길 위에 서있으면(stand in the way) 「방해하다」, 옆에 서있으면 (stand by) 「대기하다」, 「지지하다」, 밖으로 서있으면(stand out) 「두드러지다」 등 여러 의미를 만들어낸다. 특히 주로 부정형태인 can't stand sb[sth], 혹은 can't stand to+V로 「…을 참을 수 없다」라는 의미로도 많이 쓰인다. 또한 명사로 노상의 매점이나 경기장의 스탠드를 의미하기도 한다.

💡 Stand 기본개념

01. 서다, 일어서다
Please stand up and follow me. 일어나 날 따라와.
She stood up and turned around to face me.
걔는 일어나서 내게로 향했어.

02. 참다, 견디다(can/can't stand)
I just can't stand your friends. 네 친구들은 정말 못 참겠어.

03. (명사) (받침)대, 노점, 매점, (경기장)스탠드
Where's the taxi stand? 택시정거장이 어디야?

stand
서다

stand는 뭐니 뭐니 해도 몸을 일으켜 서는 것을 말한다. 이를 토대로 stand up하면 「일어서다」, stand next to~하면 「…옆에 서있다」, 그리고 stand ~ing하면 「…하면서 서있다」라는 뜻이 된다.

✓ 핵심포인트

stand at/in/on~	…에 서있다
stand (장소) ~ing	(…에) …하면서 서있다
stand next to~	…옆에 서있다
stand in line	줄서다

📝 이렇게 쓰인다!

Tom is standing at the window waving at her.
탐은 창가에 서서 걔한테 손을 흔들고 있어.

Ben is standing next to her.
벤은 걔 옆에 서있어.

I stood there trying to remember why she left me.
난 거기 서서 왜 걔가 날 떠났는지 기억해내려 했어.

She is standing next to him holding his hand.
그녀는 걔의 손을 잡고 옆에 서 있어.

💬 이렇게 말한다!

A: Shall we go to a movie tonight?
B: No, I hate to stand in line to buy tickets.
　A: 오늘 밤 우리 영화 보러 갈까?
　B: 아니. 표사러 줄서는 것을 싫어해.

✏️ 영어문장필사해보기

• 난 거기 서서 왜 걔가 날 떠났는지 기억해내려 했어.

stand+형용사
…한 상태로 있다

그리 많지도 않고 상대적으로 쓰임도 빈약하지만 stand는 keep처럼 형용사가 이어져 「…한 상태로 있다」라는 의미로도 쓰인다. stand still이 대표적으로 「멈추다」, 「움직이지 않다」라는 뜻이다.

✓ 핵심포인트

stand still	정지하다, 멈추다
stand firm	단호하다, 뒤로 물러서지 않다

📝 이렇게 쓰인다!

It's like time has stood still in this room.
이 방에선 시간이 멈춘 것 같아.

They stood close to each other.
걔네들은 서로 가까이 서 있었어.

She took a few steps around the desk, to stand closer.
걘 책상으로 몇 발짝 다가와 더 가까이 섰다.

I saw my wife standing close to a cute guy.
내 아내가 귀여운 남자 가까이에 서 있는 것을 봤어.

💬 이렇게 말한다!

A: The children are running around the classrooms.
B: Tell them to stand still or they'll be punished.
　　A: 애들이 교실 주위를 뛰어다니고 있어.
　　B: 애들에게 멈추라고 해 아니면 벌을 받을거야.

✏️ 영어문장필사해보기

- 걘 책상으로 몇 발짝 다가와 더 가까이 섰다.

can't stand sth[sb]
…을 좋아하지 않다, 못참다

can stand sth[sb]하면 「…을 받아들이다」라는 뜻으로 주로 부정형태인 can't stand~로 쓰여 「…을 못참다」, 「…을 싫어하다」라는 의미로 사용된다.

✓ 핵심포인트

can't stand sth[sth] ~ing	…가 …하는 것을 싫어하다, 못 참다
can't stand to+동사	…하는 것을 못참다
can't stand the thought of~	…라는 생각을 받아들이지 못하다
can't stand that 주어+동사	…을 참지 못하다
can stand sth/can stand sb doing sth	…을 받아들이다

📝 이렇게 쓰인다!

I can't stand this.[you]
이걸[널] 못 참겠어.

Oh, God. I can't stand it any longer.
어휴, 맙소사. 더 이상 못 참겠어.

I can't stand the boss. She sucks!
더 이상 사장을 못 참겠어. 아주 재수 없어!

I can't stand the smell of hot dogs. They make me sick.
핫도그 냄새 못 참겠어. 구역질 나.

Why did you invite him? I can't stand that guy!
왜 걜 초대한거야? 그 자식 정말 싫다구!

I can't stand you being here.
난 네가 여기 있는게 싫어.

You can't stand me getting closer to her.
넌 내가 걔하고 친해지는 걸 못 참는구나.

I can't stand the thought of you with another woman!
난 네가 다른 여자와 있다는 생각을 참 수 없어!

I can't stand that I hurt you.
내가 네게 상처를 입혔다는 걸 참을 수가 없어.

I can't stand to lose. I'm sure I will win.
난 지는 걸 못 참아. 내가 반드시 이길거야.

이렇게 말한다!

A: **I can't stand Lindsey Lohan.**
B: **Yeah, she is always getting in trouble.**
   A: 린제이 로한을 참을 수가 없어.
   B: 그래. 걔는 항상 골칫거리야.

A: **We're going to have salad before dinner.**
B: **Oh no! I can't stand eating salad.**
   A: 저녁 전에 샐러드를 먹을거야.
   B: 아이고! 샐러드 먹는 것을 싫어해.

A: **I can't stand that I didn't get into Harvard.**
B: **It's very difficult to get into that school.**
   A: 내가 하버드 대학에 합격하지 못한 것을 참을 수가 없어.
   B: 그 학교 들어가기 정말 어렵지.

영어문장필사해보기

- 더 이상 사장을 못 참겠어. 아주 재수 없어!

- 왜 걜 초대한거야? 그 자식 정말 싫다구!

stand in the[sb's] way
방해하다

길 위에(in the way) 서있다(stand)라는 말에서 알 수 있듯이 …에 방해가 된다는 뜻. stand 대신 be, get을 써도 되며 방해되는 대상은 of~로 써주면 된다.

✓ 핵심포인트

stand[be, get] in the way (of~)   (…하는데) 방해가 되다, 방해하다
stand[be, get] in sb's way (of~)   …의 방해가 되다

📓 이렇게 쓰인다!

OK then. I won't stand in your way.
좋아 그럼. 방해하지 않을게.

I'm not going to stand in your way of doing it.
네가 그걸 하는데 방해가 되지 않을게.

Are you going to let that stand in the way of us?
그것 때문에 우리가 방해받게 할거야?

I'm not going to stand in the way of that.
난 그거 하는데 방해하지 않을게.

💬 이렇게 말한다!

A: My girlfriend's parents really don't like me.
B: Are they standing in the way of your marriage?

   A: 여친 부모가 날 정말 싫어해.
   B: 들이 네 결혼에 방해가 되는거니?

✏️ 영어문장필사해보기

• 네가 그걸 하는데 방해가 되지 않을게.

where sb stands (on~)

(…에 대한) …의 입장, 생각

직역하면 「…가 서있는 곳」이라는 뜻으로 비유적으로 「…의 입장」, 「…의 생각」을 뜻한다. 예로 where I stand하면 「나의 입장」, where you stand는 「너의 입장」이 된다.

✓ 핵심포인트

know where sb stands (on~)	(…에 대한) …의 입장을 알다
tell A where B stands (on~)	(…에 대한) B의 입장을 A에게 말하다
from where I stand	내 느낌상, 생각에, 내가 서 있는 곳에서

📓 이렇게 쓰인다!

I'd like to know where you stand.
네 입장이 뭔지 알려줘.

That is where I stand.
그게 내 입장이야.

I was wondering if you could tell me where I should stand?
내 입장이 어때야하는지 알려줄래요?

She knows where I stand on the war.
걘 내가 전쟁에 대해 어떤 입장인지 알고 있어.

I realized where we stood. I understood our role.
우리 입장이 어떤지 깨달았고 우리의 역할을 이해했어.

From where he stood, he looked around the downtown.
걘 자기가 서 있는 곳에서 시내를 둘러보았어.

💬 이렇게 말한다!

A: **Who will Jeff vote for in the election?**
B: **I don't know where he stands on politics.**

  A: 제프가 선거에서 누굴 찍을까?
  B: 걔의 정치적 입장에 대해 난 몰라.

stand 006 stand a chance
기회가 있다, 유망하다

기회(a chance)를 세우는(stand) 것으로 stand a chance of~하면 「…할 기회가 있다」, 「가능성이 있다」라는 뜻. 반대는 stand no chance of~라고 하면 된다.

✓ 핵심포인트

stand a chance (of)	(…할) 기회가 있다, 유망하다
stand no chance (of)	(…할) 가망이 없다

📒 이렇게 쓰인다!

I think I don't stand a chance.
내겐 기회가 없을 것 같아.

Do you think we even stand a chance?
우리에게 기회도 없을거라 생각해?

She stands no chance of marrying Peter.
걘 피터랑 결혼할 가능성이 없어.

I don't stand a chance of passing the exam.
난 시험을 통과할 가능성이 없어.

💬 이렇게 말한다!

A: Will Australia win a gold medal for skiing?
B: No, they don't stand a chance of winning.

A: 호주가 스키에서 금메달 딸까?
B: 아닐걸. 걔들은 승산이 없어.

✏️ 영어문장필사해보기

• 우리에게 기회도 없을거라 생각해?

stand by
대기하다, …을 지지하다

옆에(by) 서있다(stand)라는 뜻으로 뭔가 「기다리면서 대기하거나」 혹은 「…의 옆에 서서 지지하는」 것을 뜻한다. 뒤에 서서 뒷받침해주는 stand behind 또한 「지지하다」라는 뜻이다.

✓ 핵심포인트

stand by (sb)	대기하다, (…를) 지지하다
stand behind	지지하다

이렇게 쓰인다!

There is a beautiful blonde lady standing by the car outside.
밖의 차옆에 아름다운 금발여자가 서 있어.

I'll stand by you.
네게 힘이 되어줄게.

She's the only one who stood by me in all this.
걘 이 모든 일에 날 지지해준 유일한 사람이야.

You're my friend and I will try to stand by you through this.
넌 내친구고 이 일을 겪는데 너를 지지할게.

이렇게 말한다!

A: Are you ready for me to help you?
B: Not yet. Just stand by until we start.
A: 나한테 도움받을 준비가 돼 있니?
B: 아직. 우리 시작할 때까지 기다려줘.

영어문장필사해보기 ✎

• 넌 내친구고 이 일을 겪는데 너를 지지할게.

stand for
나타내다, 지지하다

What does FBI stand for?는 "FBI란 약자가 뭘 뜻하니?"라는 문장. 이처럼 stand for의 가장 주된 임무는 「…을 나타내다」, 「표현하다」란 의미. 또한 「…을 지지하다」, 「…의 편을 들다」라는 의미로도 쓰인다.

✓ 핵심포인트
| stand for | 나타내다, 지지하다 |

📝 이렇게 쓰인다!

What exactly does that stand for?
그게 뜻하는게 정확히 뭐야?

That's what this ring stands for.
그게 바로 이 반지가 뜻하는거야.

You said that you stood for the poor.
가난한 사람들의 편을 들겠다고 말했잖아.

💬 이렇게 말한다!

A: **The H on that car stands for Hyundae.**
B: **I've heard they are pretty good cars.**
    A: 저 차의 H자는 현대를 뜻해.
    B: 꽤 좋은 차라고 들었어.

✏️ 영어문장필사해보기

• 그게 뜻하는게 정확히 뭐야?

stand out
눈에 잘 띄다, 두드러지다

그냥 글자그대로 「밖에 서있다」라는 의미로도 쓰이지만 일반적으로 튀어나오다라는 의미에서 발전하여 「두드러지다」, 「눈에 잘 띄다」라는 의미의 표현이다.

✓ 핵심포인트

| stand out | 밖에 서있다, 두드러지다 |
| stand out in a crowd | 사람들 속에 두드러져 보이다 |

📝 이렇게 쓰인다!

She's standing out in the rain.
걘 비가 오는데 밖에 서 있어.

He stands out in a crowd because he's so tall.
걘 키가 커서 군중 속에서 두드러져 보여.

I can tell. A real lady always stands out in a crowd.
난 알 수 있어. 진정한 여인이라면 사람들 속에서 두드러져 보이지.

I want to be a person who always stands out in a crowd.
난 사람들 사이에서 돋보이는 사람이 되고 싶어.

💬 이렇게 말한다!

A: Berry has gotten excellent grades this year.
B: He stands out from the rest of his classmates.
　A: 베리는 금년에 아주 좋은 학점을 받았어.
　B: 걔는 반에서도 매우 두드러져.

✏️ 영어문장필사해보기

- 걘 키가 커서 군중 속에서 두드러져 보여.

stand sb up
바람맞히다

stand up하면 스스로 일어서다 또는 무엇을 세우다라는 의미이지만 stand sb up하면 …을 밖에 세워놓는다는 뜻으로 비유적으로 「…를 바람맞히다」, 「약속에 나가지 않다」라는 표현이 된다.

✓ **핵심포인트**

stand sb up	…을 바람맞히다
stand sth up	…을 바로 세우다
get[be] stood up	바람맞다

I don't like being stood up!
바람맞는 것 싫어해!

Your sister stood me up the other night.
네 누이가 요전날 밤에 날 바람맞췄어.

How could she just stand me up for a date?
어떻게 걔가 날 바람맞힐 수 있어?

I can't believe he stood me up the other night.
걔가 요전날 날 바람맞히다니 믿을 수가 없어.

💬 **이렇게 말한다!**

A: **Someone knocked the trash can over.**
B: **Stand it up and start putting the trash back inside.**
　A: 누군가 쓰레기통을 넘어뜨렸어.
　B: 세워서 쓰레기를 안에 다시 넣어봐.

✏️ **영어문장필사해보기**

• 걔가 요전날 날 바람맞히다니 믿을 수가 없어.

stand up for
지지하다, 옹호하다

일어서긴(stand up) 섰지만 …을 위해(for sb[sth]) 일어선다는 의미로 「…을 지지하다」, 「옹호하다」, 「…의 편을 들다」라는 비유적 의미를 갖는다.

✓ 핵심포인트

stand up for sb[sth, what~]	…을 지지하다, 옹호하다
stand up for oneself	자립하다, 남에게 좌지우지되지 않다

📖 이렇게 쓰인다!

Could you stand up for me, please?
내 편 좀 되어줄래요?

I'm just a guy who stands up for what he believes in.
난 자기 믿음을 주장하는 사람일 뿐이야.

Don't be afraid to stand up for what is right.
옳은 일을 지지하는 걸 두려워하지마.

It's time you stood up for yourself. Tell him you don't like that.
이제 자립해야지. 걔한테 그거 싫다고 얘기해.

💬 이렇게 말한다!

A: Some students like to study taekwondo.
B: Well, it helps them stand up for themselves.

A: 일부 학생들은 태권도 배우길 좋아해.
B: 우선, 태권도는 스스로를 지키는데 도움이 되지.

✏️ 영어문장필사해보기

• 옳은 일을 지지하는 걸 두려워하지마.

stand up to
…에 맞서다

역시 …을 향해(to) 일어선다는 의미로 stand up to~ 하면 「…에 대항하다」, 「맞서다」라는 뜻이 된다. 또한 stand up to+동사하게 되면 「…하기 위해 일어선다」라는 단순한 의미.

✓ 핵심포인트

stand up to+동사	…하기 위해 일어서다
stand up to~	…에 맞서다, 대항하다

이렇게 쓰인다!

She stood up to follow him to the door.
걘 일어서서 걔를 문까지 따라갔다.

I went there to stand up to him.
걔한테 대들려고 거기에 갔어

You stood up to the boss, nobody does that.
넌 사장님한테 맞섰어, 아무도 안그러는데.

Why don't you stand up to your boss?
사장에게 맞서봐.

이렇게 말한다!

A: The teacher treated him very unfairly.
B: Did he stand up to the teacher?

A: 그 선생이 걔를 매우 편파적으로 대했지.
B: 걔가 선생에게 대들었니?

영어문장필사해보기

• 사장에게 맞서봐.

stand on one's own (two) feet 두발로 서다, 자립하다

stand on+장소하면 …의 위에 서다라는 기본적인 의미로 stand on the roof하면 지붕위에 서는 것을 stand on the table하면 탁자위에 올라서는 것을 뜻한다. stand on one's own feet하면 자신의 두발로 서다라는 뜻으로 비유적으로 「자립하다」, 「독립하다」라는 뜻을 갖게 된다.

✓ 핵심포인트

stand on	…에 서다
stand on stage	무대에 서다
stand on one's own feet	두발로 서다, 자립하다
stand on one's head[neck]	물구나무서다

📖 이렇게 쓰인다!

I can stand on my own two feet now.
난 지금 자립할 수 있어.

I am trying my hardest to stand on my own two feet.
자립하기 위해 최선을 다하고 있어.

Jim can stand on his head for several minutes.
짐은 몇 분간 물구나무서기를 할 수 있어.

Evolution led man to stand on two feet.
우리는 진화해서 직립보행을 하게 됐어.

💬 이렇게 말한다!

A: It's time for you to stand on your own two feet.
B: But I still need my parents to help me.
  A: 이제 네가 스스로 자립할 때야.
  B: 하지만 난 아직도 부모님이 도와줘야해.

영어문장필사해보기 ✏️

• 자립하기 위해 최선을 다하고 있어.

Get More

▸ **stand back** 뒤로 물러서다

Just stand back. Give me some room. 뒤로 물러서. 내게 공간을 달라고.

▸ **stand guard (over sth[sb])** 감시하다, 조심하다, 경계하다

During my time in the army, I stood guard many nights.
군복무시 야간경계를 많이 섰어.

▸ **stand trial (for[on])** 법정에 서다

She's going to stand trial for stealing that jewelry.
걘 그 보석을 훔친죄로 재판받을거야.

▸ **as it stands[as it is now]** 현재 상태 그대로

As it stands, I won't be getting paid for a while.
현상황을 보면 당분간 돈을 받지 못할거야.

I stand corrected. 내가 잘못했다는거 인정해요.
You don't have a leg to stand on. 넌 그런 주장을 할 수 있는 근거가 없어.
You may take the stand. 증언대에 서주세요.

15.
이것저것 생각이 많은

Mind

mind는 물론 명사로도 많이 쓰이지만 동사로의 쓰임이 비중이 강해 핵심동사로 설명해본다. 뭐니뭐니해도 가장 중요한 것은 mind는 동사로 「거슬리다」, 「반대하다」라는 부정적 의미로 쓰인다는 걸 알아 두어야 한다. 그래서 Do you mind~?하면 "…을 해도 반대하지 않겠어?"라는 뜻이 되고 또한 I don't mind~하면 "…해도 상관하지 않다"라는 뜻이 된다. 물론 change one's mind, keep in mind 등 명사용법도 알아둔다.

01. (부정,의문문) …에 거슬리다, 화나다
Do you mind if I use your cell phone? 네 핸드폰 좀 써도 될까?
Do you mind if I sit here for a sec? 여기 잠깐 앉아도 될까?

02. 상관하지 않다(not mind)
I don't mind doing what we're going to do. 우리가 뭘 하든 상관없어.
I don't mind if you smoke in the room. 방에서 담배펴도 괜찮아.

03. (명사) 마음, 정신, 생각
I'm sorry I lost my mind yesterday. 미안해, 어제 내가 정신이 없었어.
I'll keep that in mind. 그렇게 할게요.

Do[Would] you mind ~ing? …해도 될까요?

「…하기를 꺼려하느냐」라는 것으로 의역하면 「…해도 될까요?」, 「…하면 안될까?」로 상대의 양해를 구하는 표현. 물론 would를 쓰면 do보다 정중해진다.

✓ 핵심포인트

Do[would] you mind ~ing? …해도 될까요?
Do[Would] you mind sb ~ing? …가 …해도 될까요?

📒 이렇게 쓰인다!

Would you mind letting me check your bag?
손님 가방 속을 확인해 봐도 될까요?

Would you mind watching my bag for a moment?
잠시 가방 좀 봐줄래요?

Do you mind picking me up tomorrow?
내일 나 좀 태워 줄 수 있겠니?

Do you mind me asking why you didn't go to work?
왜 출근 안했는지 내가 물어봐도 돼?

💬 이렇게 말한다!

A: Do you mind picking me up tomorrow?
B: Sure, what time?

    A: 내일 나 좀 태워 줄 수 있겠니?
    B: 물론이지, 몇 시에?

✏️ 영어문장필사해보기

• 내일 나 좀 태워 줄 수 있겠니?

Do[Would] you mind if ~?
…해도 될까요?

이번에는 ~ing 대신에 if절이 와 Would(Do) you mind if 주어+동사?의 형태로 쓰인 경우이다. if 이하에 부탁하는 내용을 말하면 된다.

✓ 핵심포인트

Do[Would] you mind if~ ?   …해도 될까요?
Do you mind?   괜찮겠어?, (화나서) 그만할래?

📝 이렇게 쓰인다!

Would you mind if I smoke here?
여기서 담배펴도 돼요?

Do you mind if I take a look around here?
내가 여기 좀 둘러봐도 괜찮겠니?

Do you mind if we ask you some questions about her?
걔에 대해 몇가지 질문해도 돼?

Do you mind if I use your bathroom?
화장실 좀 써도 되겠어?

💬 이렇게 말한다!

A: Do you mind if I sit here?
B: No, go right ahead.
  A: 여기 앉아도 됩니까?
  B: 예, 앉으세요.

📝 영어문장필사해보기

• 내가 여기 좀 둘러봐도 괜찮겠니?

I don't mind~
…해도 상관없어

이번에는 「내가 …을 해도 상관없다」고 말하는 것으로 I don't mind~ 다음에 명사, ~ing, 혹은 if 주어+동사를 붙이면 된다.

✔ 핵심포인트

I don't mind+명사	…가 상관없어
I don't mind (sb) ~ing	(…가) …해도 상관없어
I don't mind if S+V	…해도 상관없어
I don't mind that S+V	…해도 상관없어

📔 이렇게 쓰인다!

That's all right. I don't mind waiting.
괜찮아. 기다려도 괜찮아.

I don't mind her hanging around with you.
걔가 너랑 같이 놀아도 상관없어.

I don't mind if you ask. Go ahead.
네가 물어봐도 상관없어. 어서 물어봐.

I'd like to speak to Mr. Cha. I don't mind waiting.
차선생과 이야기하고 싶습니다. 기다려도 괜찮아요.

💬 이렇게 말한다!

A: **I'd like to smoke a cigarette right now.**
B: **I don't mind if you smoke here.**

   A: 난 지금 담배를 피우고 싶어.
   B: 여기서 피워도 난 괜찮아.

📝 영어문장필사해보기

• 걔가 너랑 같이 놀아도 상관없어.

Never mind~
…을 신경쓰지마

Never mind!로 익숙한 표현으로 상대에게 괜찮으니 신경쓰지 말라는 뜻. Never mind~ 다음에 명사나, ~ing, 그리고 절이 온다는 것을 기억해둔다.

✓ 핵심포인트

Never mind (~ing)!	(…하는 걸) 신경쓰지마!, 맘에 두지마!
Never mind sb[sth]~	…을 신경쓰지마
Never mind that[what, who]~	…을 신경쓰지마

📝 이렇게 쓰인다!

Never mind that.
그거 신경쓰지마.

Well, never mind me. It doesn't matter to me.
그래, 나 신경쓰지마. 나한테는 상관없는 문제야.

Never mind that we don't have it.
그게 없다고 신경쓰지마.

Never mind what I want. What do you want?
내가 원하는 건 신경쓰지마. 넌 뭘 원하는데?

💬 이렇게 말한다!

A: How can I make it up to you?
B: **Never mind... just pay for the damages.**

    A: 어떻게 배상해드리면 될까요?
    B: 걱정 마시고… 손해배상금만 내세요.

✏️ 영어문장필사해보기

- 그래, 나 신경쓰지마. 나한테는 상관없는 문제야.

I wouldn't mind~

…하고 싶다, …하면 좋겠다

「…하는 것도 괜찮을텐데」라는 표현으로 「내가 …하고 싶다」라는 의미이다. 즉, I would like+명사[to+동사]와 같은 맥락의 표현이라 할 수 있다.

✓ 핵심포인트

I wouldn't mind sth …하[먹]고 싶다
I wouldn't mind ~ing …하고 싶다

이렇게 쓰인다!

I wouldn't mind a cup of coffee.
커피한잔 마시고 싶어.

I wouldn't mind hav**ing** some real food sometime.
언젠가 한번 진짜 음식을 먹고 싶어.

I wouldn't mind shar**ing** a few things with her.
걔랑 몇가지 공유하고 싶어.

I wouldn't mind see**ing** more of that guy.
그 남자 더 좀 보면 좋겠어.

이렇게 말한다!

A: Do you have anything planned for tonight?
B: **I wouldn't mind** go**ing** to a nightclub.

　A: 오늘 밤 무슨 계획된게 있니?
　B: 나이트클럽에 가도 괜찮아.

영어문장필사해보기

• 걔랑 몇가지 공유하고 싶어.

Do you mind?
그만할래?, 괜찮겠어?

두 가지 의미로 쓰인다. 상대방에게 화가 나 그만 좀 할래?라는 의미로 쓰이고 또한 상대방에게 …해도 괜찮겠어라는 말로 상대방의 의향을 물어볼 때도 쓰인다.

✓ 핵심포인트

Do you mind?   그만할래?, 괜찮겠어?

📝 이렇게 쓰인다!

I'd like to go for a walk. Do you mind?
산책하고 싶은데, 괜찮겠어?

You've been talking throughout the meeting. Do you mind?
회의내내 떠드는데 그만 좀 할래?

I really have to go to the bathroom. Do you mind?
나 정말 화장실가야 하는데 괜찮겠어?

💬 이렇게 말한다!

A: You've been talking throughout the movie. Do you mind?

B: Oh, sorry. I didn't mean to bother you.

    A: 영화보는 내내 말을 하네? 그만 좀 할래?
    B: 어, 미안. 방해하려는 것은 아니었어.

✏️ 영어문장필사해보기

• 산책하고 싶은데, 괜찮겠어?

mind one's own business
남의 일에 간섭하지 않다

Mind your own business!(남의 일에 참견 말고 네 일이나 해라!)로 잘 알려진 표현. 같은 맥락으로 mind one's manners, mind one's P's and Q's는 「예절을 지키다」, 「언행을 조심하다」라는 뜻.

✓ 핵심포인트

mind one's own business	남의 일에 참견하지 않다
mind one's P's and Q's	행동거지를 조심하다

📓 이렇게 쓰인다!

I'm just minding my own business.
난 내 일이나 하는 중야.

Mind your P's and Q's!
행동거지 조심해!

I'll thank you to mind your own business.
남의 일에 참견 말아줬으면 고맙겠네.

Why can't you mind your own business? What is your problem?
왜 남의 일에 간섭야? 너 문제가 뭐야?

💬 이렇게 말한다!

A: I think I'm going to ask them what they're talking about.
B: Why don't you mind your own business?

　A: 그 사람들이 무슨 얘기하고 있는지 물어봐야겠다.
　B: 네 일이나 잘하지 그래?

영어문장필사해보기 ✏️

• 왜 남의 일에 간섭야? 너 문제가 뭐야?

if you don't mind
괜찮다면

많이 들어본 표현으로 실제 많이 쓰인다. 상대방에게 뭔가 양해를 구할 때 사용하는 것으로 don't 대신 wouldn't를 써서 if you wouldn't mind라고 해도 된다.

✓ 핵심포인트

if you don't[wouldn't] mind	괜찮다면, 폐가 되지 않는다면
if you don't mind my saying so	내가 그렇게 말해도 괜찮다면
if you don't mind me asking	내가 물어봐도 괜찮다면

📓 이렇게 쓰인다!

If you don't mind, I'm kind of tired now.
괜찮다면 나 지금 좀 피곤해.

If you don't mind, I'd like to ask you both a few questions. 괜찮다면 너희 둘에게 질문 좀 할게.

If you don't mind my saying so, you seem a little old to have a baby.
내가 이렇게 말해도 되는지 모르겠지만, 넌 애기낳기엔 좀 늙었어.

If you don't mind me asking, why were you so interested in this?
내가 물어봐도 괜찮다면 왜 넌 이거에 관심있었어?

💬 이렇게 말한다!

A: **If you don't mind, I'm going to leave early.**
B: **OK, I think I'll leave early too.**
　　A: 괜찮다면 난 조금 일찍 나갈게.　B: 오케이, 나도 일찍 갈 생각이야

영어문장필사해보기 ✏️

• 괜찮다면 너희 둘에게 질문 좀 할게.

change one's mind
마음 바꾸다, 변심하다

mind는 동사뿐만아니라 명사로도 다양한 비중있는 표현들을 만들어낸다. 그 첫번째로 change one's mind는 「마음을 바꾸다」, 「변심하다」라는 뜻.

✓ **핵심포인트**

| change one's mind | 변심하다 |

 **이렇게 쓰인다!**

What made you change your mind?
왜 맘이 바뀐거야?

There's nothing you can do to change my mind.
네가 뭐를 해도 내 맘 변치 않아.

You can still change your mind.
아직 맘 바꿔도 돼.

Well, call me if you change your mind.
그럼, 맘이 바뀌면 전화해.

💬 **이렇게 말한다!**

A: Did you want a vanilla ice cream cone?
B: I changed my mind. I want chocolate instead.
　A: 바닐라 아이스크림콘을 원했니?
　B: 맘바꿨어. 대신 초콜릿 먹을래.

📝 **영어문장필사해보기**

• 왜 맘이 바뀐거야?

take sb's mind off
…을 잊게 하다

「…의 마음을 …에서 떨어지게(off) 하다」는 것으로 「…에 대한 생각이나 걱정을 그만하게 하다」라는 의미가 된다. take 대신 keep, get을 써도 된다.

✓ 핵심포인트

take[keep, get] sb's mind off …을 잊게 하다

📓 이렇게 쓰인다!

I bought myself a little gift to take my mind off my problems.
내 문제를 잊으려고 나줄 선물을 샀어.

Maybe it'll take your mind off Betty.
아마 그게 베티 생각을 잊게 해줄거야.

Just try to really keep Tom's mind off of it.
탐이 그 생각에서 벗어나게끔 힘써봐.

I'm just shopping, trying to get my mind off things.
내 일들을 잊으려고 쇼핑을 하고 있어.

💬 이렇게 말한다!

A: Ray drinks too much alcohol these days.
B: It takes his mind off the troubles at his home.
   A: 레이는 요즘 술을 너무 마셔.
   B: 술은 걔 집의 여러 고민들을 잊게 해주지.

✏️ 영어문장필사해보기

• 탐이 그 생각에서 벗어나게끔 힘써봐.

put sth[sb] out of one's mind …을 일부러 잊다, 신경쓰지 않다

「…을 …의 마음 밖으로(out of one's mind) 놓다」(put)라는 뜻은 결국 「…을 잊다」, 「신경 안 쓰다」라는 말. 반대로 have~ on one's mind하면 「…을 신경쓰다」라는 표현이 된다.

✓ 핵심포인트

put[get] sth out of one's mind	…을 고의로 생각하지 않다
have[get] sth[a lot] on one's mind	뭔가 생각하고 있다, …을 신경쓰다

📒 이렇게 쓰인다!

I just put that jerk out of my mind!
그 자식 잊어버렸어!

I just can't get past it. I can't put her out of my mind.
그냥 잊을 수가 없어. 걜 생각하지 않을 수 없어.

So just put it out of your mind.
그냥 잊어버려.

Whatever it is, put it right out of your mind.
그게 무엇이든지간에 그냥 잊어버려.

💬 이렇게 말한다!

A: My boss treats me very poorly.
B: Put it out of your mind. You can get another job.
　A: 내 보스가 날 형편없이 대해.
　B: 잊어버려. 넌 다른 일자리를 찾을 수 있잖아.

✏️ 영어문장필사해보기

• 그냥 잊을 수가 없어. 걜 생각하지 않을 수 없어.

lose one's mind
정신을 잃다, 미치다

직역하면 「정신을 잃다」(lose)라는 말로 「제 정신이 아니다」, 「미치다」라는 뜻이 된다. go[be] out of one's mind와 같은 뜻이다.

✓ 핵심포인트

lose one's mind	미치다
go[be] out of one's mind	제 정신이 아니다, 미치다

 이렇게 쓰인다!

I'm losing my mind.
내가 제정신이 아니야.

You've got to be out of your mind!
너 제정신이 아니구나!

What are you doing? Are you out of your mind?
뭐해? 너 미쳤어?

I'm losing my mind. I can't believe I'm doing this.
내가 제정신이 아냐. 내가 왜 이러는지 모르겠어.

💬 이렇게 말한다!

A: There's too much homework. I'm losing my mind!
B: Calm down. Let's take a look at it.

  A: 숙제가 너무 많아. 정신이 없어.
  B: 침착해. 한번 보자.

✏️ 영어문장필사해보기

• 너 제정신이 아니구나!

have half a mind to~
…을 할까말까 하다

마음이 반만(half a mind) 있다는 뜻. 아직 선뜻 결정내리지 못한 상태에서 「…을 할까말까 망설이는」 모습을 연상하면 된다. have a good mind~하면 「…을 몹시 하고 싶다」.

✓ 핵심포인트

have[get] half a mind to+동사	…을 할까말까 하다
have[get] a good mind to+동사	…을 무척 하고 싶어하다

📝 이렇게 쓰인다!

I have half a mind to throw this martini right in your face!
이 마티니를 네 얼굴에 부을까 생각중이!

I have half a mind to get out of here right now.
지금 당장 여기서 나갈까 말까 해.

I've got half a mind to contract the company.
이 회사와 계약을 맺을까 망설이고 있어.

I have half a mind to call her and tell her that.
걔에게 전화해서 그걸 말해줄까 말까 생각중이야.

💬 이렇게 말한다!

A: Barry just started a fight with Cara.
B: I have half a mind to tell him to leave.
　　A: 배리가 방금 카라와 싸움을 시작했어.
　　B: 난 걔에게 좀 나가 있으라고 말할까 망설이고 있어.

✏️ 영어문장필사해보기

• 지금 당장 여기서 나갈까 말까 해.

~ be the last thing on one's mind …을 별로 생각하기 싫다

…의 마음속에 주어가 마지막 것이라는 의미. 뭔가 별로 생각하고 싶지 않은 것을 말할 때 이를 주어자리에 놓고 사용하면 된다. last 대신에 furthest를 써도 된다.

✓ 핵심포인트

| ~ be the last thing on one's mind | …을 별로 생각하기 싫다 |

📝 이렇게 쓰인다!

Oh, please, that's the last thing on my mind.
오, 제발. 그건 별로 생각하기 싫어.

I'm going to tell her marriage is the last thing on my mind.
결혼은 별로 생각하고 싶지 않다고 걔한테 말할거야.

Children were the last thing on her mind.
걘 아이들을 별로 생각하고 싶지 않아 했어.

That's the furthest thing from our mind right now.
지금 현재로서 그건 별로 생각하고 싶지 않아.

💬 이렇게 말한다!

A: That's the last thing on my mind.
B: Are you sure?
　A: 그건 별로 생각하기 싫어.
　B: 정말이야?

✏️ 영어문장필사해보기

• 결혼은 별로 생각하고 싶지 않다고 걔한테 말할거야.

Get More

- **have sth in mind** …을 염두에 두고 있다(*keep[bear] ~in mind 명심하다)

    What do you have in mind? 뭘 생각하고 있어?
    Do you have something else on your mind? 뭐 다른 생각있어?

- **make up one's mind** 결정하다(decide)

    I haven't made up my mind yet. 아직 결정을 못했어.

- **slip one's mind** …을 깜박잊다

    It (completely) slipped my mind. 깜박 잊었어.

- **cross one's mind** …가 …의 생각에 떠오르다

    The thought never crossed my mind. 그 생각이 전혀 나질 않았어.
    It hasn't even crossed my mind. 난 그 생각이 나지도 않았어.

- **come to mind** 갑자기 …생각이 나다

    Nothing comes to mind, but I'll check my files.
    아무것도 생각나지 않지만 내 파일들을 확인해볼게.

- **blow one's mind** …을 당황케하다, 놀래키다, 흥분시키다

    It blew my mind 당황스러웠어.

- **go[run] through sb's mind** 잠시 생각하다

    I wonder what was going through her mind when she stood there. 걔가 거기 서있었을 때 무슨 생각을 했는지 궁금해.

- **set[put] sb's mind at rest[ease]** …의 마음을 편하게 하다

    You can put your mind at rest. 안심해도 돼.

● **keep your mind on~** …에 전념하다

Then stay here and keep your mind on your job, you hear me?
여기 남아서 네 일에 전념해, 알았어?

Don't mind me. I'm just looking. 나 신경쓰지마, 그냥 구경하는거야.
Don't mind her[him]. 걔 신경쓰지마.
I'm trying to keep an open mind. 편견을 갖지 않으려 해.
Out of sight, out of mind. 눈에서 멀어지면, 마음에서도 멀어지는 법.

You Know What? : in과 after

in과 after는 「…후에」라는 뜻으로, 「시간의 경과」를 나타낸다는 점에서 공통점이 있다. 그러나 in이 「현재」를 기준으로 한 일정 시간의 경과를 나타내는 것에 비해, after는 현재를 제외한 「과거」나 「미래」를 시점으로 한다는 점에서 차이가 있다. after를 쓴 I think that he'll be here after 5:00 p.m.에서는 그 사람이 여기 오는 것은 5시라는 「미래」 이후임을 알 수 있다. 반면 in을 쓴 I'll be back in twenty minutes에서는 「현재」를 기준으로 「20분이 경과한 뒤에 돌아오겠다」라는 말이 된다. 이렇게 in은 「현재」를 기준으로 한 시간의 경과를 나타내기 때문에 그 뒤에 「특정시각」을 쓸 수 없고 in twenty minutes와 같이 오직 「경과시간」만을 쓰지만 과거나 미래를 기준으로 하는 after의 경우에는 「경과시간」뿐만 아니라, 기준이 되는 과거 또는 미래의 「시각」이나 「사건」 등을 나타내는 말이 목적어로 올 수 있다.

16/17.
무엇이든 찾아내고야 마는

Find / Lose

find에서 빼놓을 수 없는 건 keep, leave처럼 쓰여 find~+형용사[ing, pp]로 쓰이면 「…가 …하다는 것을 발견하다」, 즉 「생각하다」라는 뜻으로 쓰인다는 것이다. 또한 find와 find out도 구분해야 하는데 find는 어떤 실체를 발견하는 것이고 find out하면 어떤 사실을 알아낸다는 의미. 또한 의미는 알겠지만 우리말로 옮기기 어려운 find oneself~를 알아보기로 한다.

 Find 기본개념

01. 찾다, 구하다, 발견하다
I lost my passport. I can't find my passport. 여권을 잃어버렸어. 찾을 수가 없어.
I'm trying to find the National Art Gallery. 국립미술관을 찾으려고 하는데요.
How did you find such a beautiful girlfriend? 어떻게 그런 예쁜 여친을 찾았어?

02. …가 …하다는 것을 알다(find ~ 형용사[pp/~ing])
I find you very attractive. 난 네가 매우 매력적이라 생각해.
I find it hard to believe. 그거 믿기가 어려워.

03. lose (sth) 잃다, 지다
I lost my passport. 여권을 잃어버렸어.
She lost her job last month. 지난달에 직장을 잃었어.
We're losing the game. 우리가 지고 있어.
You're not going to lose him. 넌 걜 잃지 않을거야.
We will win, and you will lose. 우리가 이길거고 넌 지게 될거야.

find sb[sth]
…을 찾다

단순히 find sb[sth]하면 「…을 찾다」라는 의미이고 find sb sth하면 「…에게 …을 찾아다주다」라는 표현이 된다.

find sb sth	…에게 …을 구해주다
come to find~	와서 …찾다
find sth on the internet	…을 인터넷에서 찾다

📝 이렇게 쓰인다!

Where will I find you?
널 어디서 찾지?, 어디 있을건데?

You know where to find me.
내가 어디 있는지 알고 있지.

Have you guys seen Jill? I can't find her anywhere.
질 봤어. 어디에도 없던데.

I'm trying to find Tim before he gets in any more trouble.
팀이 더 어려움에 놓이기 전에 걜 찾을거야.

So why'd you come to find me last night?
그러면 왜 어젯밤 나를 찾아온거지?

💬 이렇게 말한다!

A: If you find her ring, let her know.
B: Okay, I'll look around for it.
  A: 걔 반지를 찾으면 걔한테 알려줘.
  B: 오케이, 한번 찾아볼게.

✏️ 영어문장필사해보기

• 내가 어디 있는지 알고 있지.

find sb[sth]~ 형용사[pp/~ing] …을 …하다고 생각하다

find의 가장 유명한 문형. find A B의 형태로 A가 B하다라는 의미이다. B의 자리에는 형용사 및 pp 그리고 ~ing 등이 오게 된다.

✓ 핵심포인트

find sb[sth]+형용사[pp/~ing]	…가 …하다고 생각하다
find it easy[hard, difficult] to+동사	…하는 것이 어렵다고 생각하다

📓 이렇게 쓰인다!

The jury found her innocent.
배심원은 걔가 무죄라 판결했어.

I found them kissing in my car!
걔네들이 내 차에서 키스를 하는거야!

I find it difficult to get the job done by tomorrow.
그 일을 내일까지 끝마치는 건 힘들어.

I found that hard to believe. It came as a shock to me.
그거 믿기 어려운데. 내겐 충격이었어.

How did it go? Do you find it interesting?
어땠어? 그게 재미있어?

Why do you find it so easy?
그게 왜 쉽다고 생각해?

💬 이렇게 말한다!

A: What happened at Daniel's trial?
B: They found him guilty of murder.
  A: 다니엘 재판은 어떻게 되었니?
  B: 살인죄로 유죄 판결을 받았어.

✏️ 영어문장필사해보기

- 그 일을 내일까지 끝마치는 건 힘들어.

find oneself
…에 있다, …을 구하다, 갖추다

find oneself하면 「스스로를 발견하다」, 즉 「내가 …하다」라는 의미. 뒤에 장소표현이 오면 「내가 …에 있다」, 바로 명사가 오면 「스스로를 위해 …을 찾다」, 「구하다」라는 뜻이 된다.

✓ 핵심포인트

find oneself+형용사	(기분이) …하다
find oneself+명사	…을 갖추다, 구하다
find oneself+전치사+명사	…에 있다, …한 상태에 있다
find oneself ~ing	자신이 …하고 있다

📋 이렇게 쓰인다!

You're going to find yourself very alone.
넌 매우 외로워질거야.

She found herself in Tony's bedroom.
갠 토니의 침실에 있었어.

Find yourself somebody to love.
사랑할 사람을 찾아라.

Honey, have you found yourself in a family way?
자기야, 임신했어?

I found myself wanting to do something good.
뭔가 좋은 일을 하고 싶어졌어.

You'd better find yourself another prom date.
다른 프롬데이트 상대를 구해.

💬 이렇게 말한다!

A: I haven't met any guys that I like.
B: You're going to find yourself alone.

A: 내가 좋아하는 애들은 하나도 못만났어.
B: 넌 혼자라는 것을 알게 될거야.

find a way
길을 찾다, 방법을 찾다

길을 찾는다는 의미로 비유적으로 「방법을 찾다」라는 뜻으로 많이 쓰인다. 또한 find one's way는 「길을 찾아가다」, 「애써 노력하여 나아가다」, 「달성하다」라는 의미의 표현이 된다.

✓ 핵심포인트

find a (better) way to+동사	…할 (더 좋은) 방법을 찾다
find one's way	길을 찾아가다, 애써 나아가다

📖 이렇게 쓰인다!

She'll get through this. She'll find a way to survive.
걔는 이걸 견딜거야. 생존방법을 찾아낼거야.

We've got to find a way to make this work.
이거 작동하게 하는 방법을 찾아야 돼.

You need to find a better way to communicate with your wife.
아내랑 대화하기 위해 더 좋은 방법을 찾아야 돼.

I'm here to help you find your way again.
네가 다시 길을 찾는 걸 도와주려고 왔어.

I can find my way out of there.
거기서 빠져나올 수 있어.

If she has a good map she could find her way out of the woods.
좋은 지도만 있다면 산에서 길을 찾아 나올 수 있을거야.

💬 이렇게 말한다!

A: Tuition for the school has increased again.
B: It's hard to find a way to pay for it.
  A: 학교 수업료가 다시 올랐어.
  B: 학비 낼 방법을 찾기가 힘들어.

find out
사실을 알아내다

find가 구체적인 물체를 찾아내는 것임에 반해 find out~은 「…라는 사실을 알아내다」라는 의미이다. find out 다음에는 명사, that절, if절 등 다양하게 올 수 있다.

✓ 핵심포인트

find out sth	…을 알아내다
find out that 주어+동사	…라는 걸 알아내다
find out if/whether/what/who~	…을 알아내다
find out more about~	…에 대해 더 알아내다

📔 이렇게 쓰인다!

If you find the document, you'll find out the truth.
그 서류를 찾으면 진실을 알아내게 될거야.

He found out that Jimmy is not his own son.
걔는 지미가 자기 아들이 아니라는 걸 알아냈어.

I want you to find out if my daughter is using drugs again.
내 딸이 약을 다시 하는지 알아봐줘.

We need to find out what is going on there.
거기 무슨 일인지 알아내야 돼.

What did you find out?
뭐 알아낸거 있어?

💬 이렇게 말한다!

A: I just found out that I got transferred.
B: I'm sorry to hear that.
  A: 내가 전근되었다는 걸 방금 알았어. B: 그렇다니 정말 유감이네.

영어문장필사해보기 ✏️

• 그 서류를 찾으면 진실을 알아내게 될거야.

find fault with
…을 비난하다

많이 등장하는 숙어로 find fault with sb하게 되면 「…을 비난하다」, 「…을 탓하다」라는 뜻으로 한단어로 하면 criticize가 된다.

✓ **핵심포인트**

find fault with = criticize　　…을 비난하다

📓 **이렇게 쓰인다!**

Please stop finding fault with people around you.
주변 사람 탓하는 것 좀 그만해라.

It doesn't do any good to sit back and find fault with your coworkers.
죽치고 앉아서 동료들 비난해봤자 아무 소용없어.

I can't find fault with the kitchen.
부엌이 흠잡을데가 없어.

Why do you always pick on me? Is finding fault with me your new job?
왜 늘상 날 놀려? 날 탓하는게 네 새로운 일거리야?

💬 **이렇게 말한다!**

A: So, you have a difficult relationship with your dad?
B: He always finds fault with the things I do.
　　A: 그래, 넌 아빠와 어려운 관계에 있지?
　　B: 아빤 내가 하는 일에 대해 항상 흠을 잡아요.

📝 **영어문장필사해보기**

• 주변 사람 탓하는 것 좀 그만해라.

lose weight
살이 빠지다

운동을 하거나(work out) 다이어트를 해서(go on a diet) 혹은 몸이 안좋아져서 등등 살이 빠지는 것을 말하며 반대로 살이 찌다라고 할 때는 gain weight 혹은 put on weight라고 하면 된다.

✓ **핵심포인트**

lose weight	살이 빠지다
gain weight(= put on weight)	살이 찌다

📝 **이렇게 쓰인다!**

If I eat less, I'll lose weight.
소식하면 살이 빠질거야.

You look like you've lost weight lately.
너 최근에 살이 빠진 것 같아.

She's been weak ever since and she's lost weight.
그 후부터 계속 아팠어요, 몸무게도 줄었고요.

I lost weight. My cholesterol went down.
살이 빠지고 콜레스트롤 수치도 내려갔어.

💬 **이렇게 말한다!**

A: We both ate a lot of food over the holidays.
B: We'll need to diet so we can lose weight.
　　A: 우리 둘은 휴일에 많은 음식을 먹었어.
　　B: 우린 체중을 줄이기 위해 다이어트를 할 필요가 있어.

✏️ **영어문장필사해보기**

• 그 후부터 계속 아팠어요, 몸무게도 줄었고요.

lose track of
…을 놓치다, 연락이 끊기다

track은 '흔적,' '자취'라는 뜻으로 이를 놓쳤다는 것은 of 이하가 어디 있는지 혹은 무엇을 하고 있는지 모른다는 의미. lose sight of는 단순히 「…을 못보거나」 혹은 다른 일이 바빠 「…을 잊어 버리다」라는 뜻으로 쓰인다.

✓ 핵심포인트

lose touch[contact] with	…와 접촉이 없어지다
lose sight of	…을 못보다, 놓치다

📝 이렇게 쓰인다!

I guess I lost track of everybody after high school.
고등학교 졸업 후에 애들과 다 연락이 끊긴 것 같아.

I lost track of you, but I always heard about you.
너와 연락이 끊겼지만 네 얘기 항상 들었어.

Yeah. I guess I lost track of time.
그래. 내가 시간가는 걸 잊은 것 같아.

I lost touch with many of my old friends.
많은 오랜 친구들과 연락이 끊겼어.

💬 이렇게 말한다!

A: Where are all of your elementary school friends?
B: I've lost track of most of them over the years.

A: 너 초등학교 친구들은 다 어디 있니?
B: 시간이 지나면서 대부분 연락이 끊겼어.

✏️ 영어문장필사해보기

• 너와 연락이 끊겼지만 네 얘기 항상 들었어.

lose one's temper
화를 내다(get angry)

temper는 성질, 성미라는 단어로 lose one's temper라 하게 되면 순간적으로 이성을 잃고 화를 내는 것을 뜻한다. 그렇게 화가 난 상태에서 「…와 한바탕했다」고 말할 때는 lose one's temper with sb라고 하면 된다.

✓ 핵심포인트

lose one's temper	갑자기 화를 벌컥 내다
lose one's temper with sb	…와 한바탕하다

이렇게 쓰인다!

I am sorry I lost my temper, but I was upset.
화를 내서 미안하지만 열 받았어.

I lost my temper with the boss.
내가 참지 못하고 사장에게 버럭 화를 냈어.

I lost my temper and I was disrespectful to mom.
난 열 받아서 어머니에게 무례하게 행동했다.

I lost my temper and threw away the wedding ring.
난 화를 내고 결혼반지를 집어던졌어.

이렇게 말한다!

A: The two taxis had an accident this morning.
B: I'll bet the drivers lost their tempers.
  A: 택시 2대가 오늘 아침 사고가 났어.
  B: 운전사들이 흥분했었음이 분명해.

영어문장필사해보기

• 내가 참지 못하고 사장에게 버럭 화를 냈어.

be lost
길을 잃다

lose의 수동형으로 be lost하게 되면 길을 잃었다는 의미. 하지만 be lost on sb하게 되면 「…의 이해를 못받다」, be lost in sth하면 「…에 빠져있다」라는 2차적 의미를 갖게 된다.

✓ 핵심포인트

be lost (in/on+장소)	길을 잃다
be lost in sth (생각과 관심)	…에 빠져 있다
be lost on sb	…의 주목[이해]을 받지 못하다
get lost	길을 잃다
Get lost!	꺼져버려!

📝 이렇게 쓰인다!

I think I'm lost.
길을 잃은 것 같아요.

If you get lost in the maze, don't panic.
미로에서 길을 잃어도 당황하지 마라.

My boss appears lost in thought.
사장님이 생각에 잠겨있는 것처럼 보여.

Your joke is completely lost on us.
네 농담은 우리에게 전혀 먹히지 않아.

💬 이렇게 말한다!

A: Can you help me? I'm lost.
B: Sure. Where do you want to go?
   A: 좀 도와주실래요? 길을 잃었어요.
   B: 그러죠. 어디 가시려고요?

✏️ 영어문장필사해보기

• 길을 잃은 것 같아요.

have[get] nothing to lose
잃을게 없다

have nothing to lose는 잃을게 없다라는 말. 즉 손해볼게 없다는 뜻으로 한번 부담 없이 부딪쳐 봐도 된다는 의미이다.

✓ 핵심포인트

have nothing to lose   잃을게 없다

📝 이렇게 쓰인다!

You've got nothing to lose.
밑져야 본전인데 뭐.

I've got nothing to lose except you.
널 빼면 난 잃을게 없어.

We have absolutely nothing to lose. Trust me.
우린 잃을게 하나도 없어. 날 믿어.

Come on, do it. You got nothing to lose.
자, 어서 해봐. 너 손해볼 것 없잖아.

💬 이렇게 말한다!

A: Are you going to join the Marines?
B: Why not? I have nothing to lose.

A: 해병대에 입대할거니?
B: 왜 아니겠어? 난 잃을게 없잖아.

📝 영어문장필사해보기

• 밑져야 본전인데 뭐.

Get More

▶ **lost and found** 분실물 보관서

Where is the lost and found? 분실물보관소가 어디예요?
I have got to go and check in the lost and found.
분실물 보관소에 가서 확인해봐야겠어.

▶ **find one's tongue** 놀란 후 말문을 열다

I couldn't find my tongue. 놀라 할 말이 없었어.

▶ **be a real find** 대단하다, 괜찮은 발견이다

She is a real find. 걘 정말 대단해.

18. 되든 안되는 시도해보는

Try

노력하다, 시도하다라는 동사로 try hard(열심히 하다), try next time(다음번에 하다), try again(다시 해보다) 등의 표현을 만들어낸다. 또한 뒤에 음식명사가 오면 음식을 한번 먹어보는 것을 그리고 try on하게 되면 옷을 한번 입어본다는 뜻이 된다. 한편 try to+동사하게 되면 「…하려고 하다」라는 뜻이 되고 명사로도 사용돼 give(it) a try하면 시도해보다가 된다.

 **Try 기본개념**

01. 시도하다, 노력하다
If you try, you can do it. 노력하면 넌 할 수 있어.
I'm trying really hard. 나도 정말 노력하고 있어.
Just take it easy and try to relax. 걱정하지 말고 긴장을 풀어봐.

02. (음식) 맛보다, 입어보다(~on)
I'd like to try the steak. 고기를 먹어보죠.
May I try it on? 입어봐도 돼요?

03. (명사) 시도
Let's give it a try. 한번 해보자.
Give it a try! 한번 해봐!

try something
뭔가 해보다

try에 something이나 everything이란 단어를 붙여 만드는 표현. try something 다음에는 else, new, different와 같은 형용사를, try everything 다음에는 to+동사를 붙이기도 한다.

✓ 핵심포인트

try something (else, new)	뭔가 (다른 것, 새로운 것)를 해보다
try everything (to+동사)	(…하기 위해) 모든 것을 다하다

📝 이렇게 쓰인다!

Let's try something else.
뭔가 다른 것을 해보자.

I've tried everything. I give up.
갖가지 다 해봤어. 나 포기할래.

I tried everything to make myself feel better.
내가 기분 좋아지도록 안해본게 없어.

I should try something new.
뭔가 새로운 걸 해봐야겠어.

💬 이렇게 말한다!

A: I just can't salsa dance as well as other people.
B: Try something else. You'll find a hobby you like.

A: 다른 사람들처럼 살사 댄스를 못추겠어.
B: 딴 것 해봐. 네가 좋아하는 취미를 찾을 수 있을거야.

✏️ 영어문장필사해보기

• 갖가지 다 해봤어. 나 포기할래.

try+음식명사

…을 먹어보다

try 다음에 음식명사가 오면 「음식을 먹어보다」라는 뜻이 된다. try a steak하면 「고기를 먹어보다」, try some pizza하면 「피자를 좀 맛보다」가 된다.

✓ 핵심포인트

try+음식명사	…을 먹어보다
try some (of)+음식명사	…을 좀 먹어보다
I'd like try+음식명사	…을 먹고 싶다

이렇게 쓰인다!

I'd like to take you to try some Indian food.
널 데리고 식당가서 인도음식 맛보고 싶어.

Do you want to try some of my pie?
내 파이 좀 먹어볼래?

Go ahead. Try a piece.
어서 한 조각 먹어봐.

We came by to try some of your famous cookies.
우리는 너의 유명한 쿠키를 좀 먹어보려고 들렀어.

이렇게 말한다!

A: You should try Korean food. It's great.
B: I've heard that it's quite healthy too.

　　A: 너 한국음식 한번 먹어 봐. 대단해.
　　B: 건강식이라고도 들었어.

영어문장필사해보기 ✎

• 우리는 너의 유명한 쿠키를 좀 먹어보려고 들렀어.

그걸 해보다

앞서 언급된 것을 대명사, it, that, this 등을 받아 말하는 표현법. "전에 해봤냐?"고 물어볼 땐 Have you tried this before?, "그걸 해야 돼?"라고 하려면 Should we try it?이라고 하면 된다.

✓ 핵심포인트

| try it | 그걸 해보다 |

📝 이렇게 쓰인다!

Why don't you try it?
한번 해봐, 이거 한번 먹어볼래?

We've already tried it twice.
우리 이미 그거 두 번 했어.

Andy, you must[have got to] try this.
앤디, 너 이거 해봐야 돼.

Hey, babe, we haven't tried it in the kitchen yet.
야, 자기야, 우리 아직 부엌에서는 안해봤지.

💬 이렇게 말한다!

A: What do you think about bungee jumping?
B: It looks fun. I'd like to try it.
　A: 번지점프에 대해 어떻게 생각해.
　B: 재미있게 보여. 한번 해보려고 해.

✏️ 영어문장필사해보기

• 우리 이미 그거 두 번 했어.

try (it) again
다시 시도하다

try 다음에 각종 부사가 와서 다양한 표현을 만들 수 있다. 「다시 시도하는」 것은 try again, 「열심히 하다」는 try hard, 그리고 「다음에 하는」 것은 try next time이라고 한다.

✓ 핵심포인트

try again	다시하다
try hard	열심히 하다
try next time	다음 번에 하다

📓 이렇게 쓰인다!

Don't give up. Let's try it again.
포기하지마. 다시 한번 하자.

You want to try it again?
한 번 더 해볼래?

Well, try harder. I'm sure you can do it.
그래, 더 열심히 해봐. 넌 할 수 있어.

You've got to try harder next time.
다음 번에 더 열심히 하라고.

💬 이렇게 말한다!

A: **I don't know what I'm going to do.**
B: **Don't worry. You can try again!**
　　A: 뭘 해야 할지 모르겠어.
　　B: 걱정 마. 다시 한 번 해봐!

✏️ 영어문장필사해보기

• 그래, 더 열심히 해봐. 넌 할 수 있어.

try to~
…하려고 시도하다, 애쓰다

try 다음에 to+동사가 와서 아직 해보지 않은 것을 「…을 해보다」, 「시도하다」, 「…하려고 애쓰다」라는 뜻이고 반대로 「…하지 않으려고 애쓰다」는 try not to~라 한다. 반면 try ~ing는 「시험 삼아 …해보다」라는 의미.

✓ 핵심포인트

try to+동사	…하려고 시도하다, 애쓰다(try and +동사)
try+ ~ing	시험삼아 …해보다
try hard to+동사	…하려고 무척 애쓰다

I **tried to** help her.
나는 걔를 도와주려고 했어.

I don't get it. What **are** you **trying to** say?
이해못했어. 무슨 말을 하려는거야?

I **tried** eat**ing** Korean food. It was delicious.
한국 음식을 먹어봤는데 맛있었어.

She **tried to** kiss me.
그녀가 내게 키스를 하려고 했어.

📢 이렇게 말한다!

A: If I had his phone number, I would call him.
B: Why don't you try to get his number?

A: 걔 전화번호를 알면 전화할텐데.
B: 전화번호를 알아내지 그래.

📝 영어문장필사해보기

• 이해못했어. 무슨 말을 하려는거야?

…해보도록 할게

try to+동사를 이용한 표현 중에서 아주 많이 쓰이는 패턴으로 「내가 …을 해 보겠다」는 의미. 반면 I'm trying to+동사는 「내가 지금 …하고 있다」고 자기의 상황을 표현하는 문장이다.

✓ 핵심포인트

I'll try to+동사	…해볼게
I'm trying to+동사	…하는 중이야, …하려고 하고 있어

📝 이렇게 쓰인다!

I'll try to make her feel better.
걔 기분좋아지도록 노력할게.

I'll try to get back as soon as I can.
가능한 빨리 돌아오도록 할게.

I'll try to catch you later.
나중에 다시 이야기하자.

I'm trying to make a good impression.
좋은 모습을 보여주려고 하고 있어.

💬 이렇게 말한다!

A: I lost my hat at your house yesterday.
B: Oh really? I'll try to find it for you.
    A: 난 어제 네 집에서 모자를 잃어버렸어.
    B: 정말? 내가 한번 찾아볼게.

✏️ 영어문장필사해보기

• 가능한 빨리 돌아오도록 할게.

Are you trying to~ ?
…하려는거야?

역시 try to+동사를 뼈대로 만들어진 표현으로 상대방의 의도나 상태를 물어볼 때 쓰는 말. 특히 응용표현인 Are you trying to say[tell me] (that)~?은 알아두면 유용하게 사용할 수 있다.

✓ 핵심포인트

Are you trying to+동사?   너 …하려는거야?
Are you trying to say[tell me] that S+V?   너 지금 …라고 말하려는거야?

📝 이렇게 쓰인다!

Are you trying to threaten me?
날 협박하려는거야?

What are you doing? Are you trying to hurt me?
뭐 하는거야? 날 아프게 하려고?

Are you trying to say that this is wrong?
이게 틀렸다고 말하려는거야?

Are you trying to tell me that you're not going?
넌 안 가겠다고 말하는거야?

💬 이렇게 말한다!

A: Are you trying to cook some food?
B: Yeah, I want to make some spaghetti.
    A: 음식 좀 요리하려고 그러니?
    B: 응, 스파게티를 좀 만들고 싶어서.

📝 영어문장필사해보기

• 뭐 하는거야? 날 아프게 하려고?

What are you trying to~ ?
뭘 …하려는거야?

이번에는 are you trying to+동사 앞에 의문사를 붙여 만든 표현들로 먼저 What are you trying to~?와 Why[Where] are you trying to~?를 알아본다.

✓ 핵심포인트

What are you trying to+동사?	뭘 …하려는거야?
What are you trying to do, 동사~?	뭘 하려는거야, …하려고?
Why are you trying to+동사?	왜 …하려는거야?
Where are you trying to+동사?	어디서 …하려는거야?

📓 이렇게 쓰인다!

What are you trying to say?
무슨 말 하는거야?

What are you trying to do, hit me?
어쩔려고, 날 칠려고?

Why are you trying to get away from me?
왜 내게서 멀어지려는거야?

What are you trying to do, kill me?
뭐하려는거야, 날 죽이려고?

💬 이렇게 말한다!

A: **Excuse me, I seem to have lost my way.**
B: **Where are you trying to go?**

    A: 실례합니다, 길을 잃은 것 같아요.
    B: 어디를 가려고 하는데요?

✏️ 영어문장필사해보기

• 어쩔려고, 날 칠려고?

What I'm trying to say is (that)~ 내가 말하려는 것은 …이야

자기의 생각이나 의사가 제대로 소통할 수 있도록 다시 한 번 정리할 때 필요한 표현으로 All I'm saying is (that)~과 비슷한 뜻이다.

✓ 핵심포인트

What I'm trying to say is (that)~ 　　내가 말하려는 것은 …이야

📝 이렇게 쓰인다!

What I'm trying to say is that she's not rich.
내가 말하려는 건 걘 부자가 아니라는거야.

What I'm trying to say is I want you to leave.
내가 말하고자 하는 건 네가 떠나길 바란다는거야.

What I'm trying to say is that I didn't mean to hurt you.
내가 말하려는 건 널 해칠려는 건 아니었다는거야.

I guess what I'm trying to say is I love to drive.
내가 말하고자 하는 건 운전을 좋아하는거야.

💬 이렇게 말한다!

A: I don't understand what you mean.
B: What I'm trying to say is I feel lonely.
　　A: 네가 뭘 말하는지 이해를 못하겠어.
　　B: 내가 말하고자 하는 것은 내가 외롭다는거야.

📝 영어문장필사해보기

• 내가 말하고자 하는 건 네가 떠나길 바란다는거야.

Don't try to~
…하려고 하지마

try to+동사를 이용한 마지막 표현으로 상대방에게 「주의」나 「경고」할 때 쓰는 표현. 그냥 Try not to+동사라고 해도 된다.

✓ 핵심포인트

Don't try to+동사	…하려고 하지마
try not to+동사	…하지 않으려고 애쓰다

📋 이렇게 쓰인다!

Don't try to tell me you don't have it.
너한테 없다고 말하지마.

Don't try to apologize right now.
지금 당장 사죄하지마.

It's too late. Please try not to think about it.
너무 늦었어. 그거 생각하려고 하지마.

Don't try to make me feel better.
나 기분좋아지게 하려고 하지마.

💬 이렇게 말한다!

A: Teresa and I are going on a first date.
B: **Don't try to kiss her when the date finishes.**
  A: 테레사와 난 첫 데이트를 할거야.
  B: 데이트 끝에 키스는 하려고 하지마.

✏️ 영어문장필사해보기

• 너무 늦었어. 그거 생각하려고 하지마.

try for~
…을 얻으려고 혹은 차지하려고 애쓰다

try for+명사는 「…을 얻기 위해 혹은 …에 달성하려고 애를 쓰다」는 말. try 다음에 to+명사만 오는게 아니라는 사실을 알아둔다.

✓ 핵심포인트
try for sth	…을 차지하려고 하다, …을 구하려고 애쓰다
be tried for sth	…으로 재판받다

📓 이렇게 쓰인다!

So do you think you will try for another adoption?
그래서 넌 또 입양을 하겠다는거야?

Do you want to try for it again?
그거 다시 한번 해볼테야?

You'll be tried for the crime you committed.
지은 죄로 재판을 받게 될거야.

💬 이렇게 말한다!

A: **My uncle is trying for a job at Samsung.**
B: **Great. I've heard it's a good place to work.**
    A: 삼촌이 삼성에서 일자리를 구하려고 노력 중이야.
    B: 대단하군. 일하기 무척 좋은 곳으로 들었어.

🖊 영어문장필사해보기
• 그거 다시 한번 해볼테야?

let me try~
내가 …해볼게

내가 자발적으로 「…을 해 보겠다」 혹은 「내가 …을 좀 해볼테니 좀 기다려 달라」는 맥락으로 쓰인다. 단독으로 Let me try하거나 Let me try+명사(to+동사) 형태로도 사용된다.

✓ 핵심포인트

Let me try sth	…을 해볼게
Let me try to+동사	…하도록 해볼게

📝 이렇게 쓰인다!

I believe I can do it. Let me try.
내가 할 수 있을 것 같아. 내가 해볼게.

Let me try that again.
그거 다시 한번 해볼게.

Does it not taste good? Let me try it.
맛없어? 내가 먹어볼게.

Let me try to explain it to you in detail.
네게 내가 자세히 설명해볼게.

💬 이렇게 말한다!

A: This math homework is really confusing.
B: Let me try to explain it to you.
    A: 이 수학 숙제는 정말로 혼동되네.
    B: 내가 한번 설명해볼게.

✏️ 영어문장필사해보기

• 내가 할 수 있을 것 같아. 내가 해볼게.

try 013 — try one's best
최선을 다하다

try 다음에 특정명사가 와서 유용한 숙어를 만들어내는 경우. 그밖에 try one's luck은 「운을 시험해보다」, try one's patience는 「인내심을 테스트해보다」라는 뜻이 된다.

✓ 핵심포인트

try one's best[luck]	최선을 다하다, 운을 시험해보다
try one's patience	인내심을 테스트해보다

📓 이렇게 쓰인다!

I'm trying my best. You can trust me.
최선을 다하고 있어. 날 믿어도 돼.

I will try my luck.
(되든 안되든) 한번 해봐야겠어.

She went back to the casino to try her luck again.
걘 자기 운을 시험해보기 위해 다시 카지노로 돌아갔어.

You're trying my patience.
너 정말 짜증난다.

💬 이렇게 말한다!

A: My son is not very good at sports.
B: Tell him to try his best when he is on a team.
  A: 내 아들은 스포츠를 아주 못해.
  B: 팀에 들어가면 최선을 다해보라고 말해 봐.

✏️ 영어문장필사해보기

• 최선을 다하고 있어. 날 믿어도 돼.

try on
…을 한번 입어보다

옷은 몸 위에 걸쳐본다는 점에서 on를 붙여 try on이라고 한다. 옷 등이 자기에게 맞는지 안맞는지 보기 위해서 입어보는 것을 말한다.

✓ 핵심포인트

try on …을 한번 입어보다

📝 이렇게 쓰인다!

Would you like to try it on?
입어 볼래요?

May I try on a pair of shoes?
이 구두 신어봐도 돼요?

Is it okay to try on anything I want?
뭐든지 신어봐도 돼요?

Just try something on. How about this sweater?
뭐든 입어봐. 이 스웨터는 어때?

💬 이렇게 말한다!

A: May I try on a pair of shoes?
B: Sure. What size do you need?
　A: 신발 좀 신어봐도 될까요?
　B: 물론이죠. 사이즈가 어떻게 되시는데요?

✏️ 영어문장필사해보기

• 이 구두 신어봐도 돼요?

try out

(제대로 작동되는지) 테스트해보다

뭔가 잘 되는지 시험해본다는 뜻으로 나아가 어떤 선발대회나 오디션에 자기 자신을 시험해본다고 할 때도 사용된다. 이때는 주로 try out for~라고 한다.

✓ 핵심포인트

try out	시험해보다
try out for	(운동선수 등이) 선발시험에 참가하다(audition for)

📋 이렇게 쓰인다!

She is trying out different cookie recipes.
걘 다른 과자만드는 법을 테스트해보고 있어.

You're trying out for the cheerleading squad?
치어리더 뽑는데 참가할거야?

She tried out for the movie.
걘 영화선발대회에 나갔었어.

I'd like to try out new recipes this time.
이번에는 새로운 요리법으로 요리를 해보고 싶어.

💬 이렇게 말한다!

A: **You're one of the best players I know.**
B: **You think so? I'm not sure. There're so many guys trying out this season.**

　A: 넌 내가 알고 있는 최고의 선수중 하나야.
　B: 그렇게 생각해? 난 모르겠어. 이번 시즌에 들어오는 선수들이 너무 많아.

✏️ 영어문장필사해보기

• 이번에는 새로운 요리법으로 요리를 해보고 싶어.

Get More

● **give it a try** 한번 해보다

　I'll give them a try. 걔들에게 기회를 줘볼거야.
　Maybe I'll give him a try. 기회나 한번 줘보지.

● **be worth a try** 한번 해볼만하다

　I guess it's worth a try. 한번 해 봄직도 한데.

● **Nice try!** (비록 목적달성을 하지 못했지만) 잘했어!, 잘 한거야!

　It's too bad you lost the contest. Nice try.
　네가 지다니 안됐네. 하지만 잘했어.

Just try me. 나한테 한번 (얘기)해봐, 기회를 한번줘봐.
Keep (on) trying 계속 정진해, 멈추지 말고 계속 노력해.
Mind if I try? 내가 해도 될까?

More Verbs
You Should Know

finish/end

show

save/spend

drop/catch

worry/care

plan/prepare

apology/excuse/thank/appreciate

lend/borrow/owe

ruin/risk/hurt

01/02 finish/end
끝내다, 마치다

● finish ~ing …을 끝내다

「…를 끝내다」라는 의미로 finish 다음에 명사가 오지만 「…하기를 끝내다」라는 뜻으로 어떤 동작을 끝내는 것을 말할 때는 finish 다음에 ~ing를 붙이면 된다.

finish sth …을 끝내다   finish ~ing …하기를 끝내다

Did you finish checking in to your room? 투숙절차는 다 끝났어?
Is it okay if I finish the orange juice? 오렌지 주스 마저 다 마셔도 될까?
How long does it take to finish it? 이거 마치는데 얼마나 걸려?

● be finished with …을 끝내다

be[have] finished with sth하면 어떤 일을 끝내거나 「…을 다 사용해서 더 이상 필요없다」는 뜻이고 be[have] finished with sb하면 화가 나서 「…와 얘기를 끝내다」, 혹은 「거래를 끝내다」라는 의미를 갖는다.

be[have] finished with sth …을 끝내다, 이용을 다하다
be[have] finished with sb (화나) 얘기를 끝내다, 거래를 끝내다
finish with sb 연인관계를 끝내다

I'm finished with the work. 난 일을 다 끝냈어.
I'm not finished with you. 아직 할 얘기가 남았어.
I'm not finished with the report. 그 리포트를 아직 끝내지 못했어.

● finish off 끝내다, 마무리하다

finish off는 거의 finish와 같은 의미로 어떤 일을 마무리하거나 음식을 마저 먹어 끝내다라는 의미. 다만 finish sb off하게 되면 「…의 힘을 다 빼게 해서 녹초가 되게 하다」라는 의미로도 쓰인다.

finish sth off 일마무리하다, 음식 다 먹다
finish off with sth …을 끝내다
finish off sth by ~ing …함으로써 …을 끝내다
finish sb off …를 기진맥진하게 하다

Why don't you finish off this pie? 이 파이 마저 먹어.
The guys finished off all of the beer in the fridge.
걔네들이 냉장고에 있는 모든 맥주를 다 마셔 버렸어.

01 finish/end

▶ finish on time …을 제 시간에 마치다

끝내긴 끝내돼 예정된 제 시간에 끝낸다고 할 때는 finish 다음에 on time이란 표현을 붙여 주면 된다.

I expect him to finish on time. 난 걔가 제시간에 마칠거라 기대하고 있어.
If we don't finish this report on time, I'm going to lose my job.
제 시간에 이 보고서를 끝마치지 못하면 나는 일자리를 잃게 될거야.

▶ finish up …로 끝나다, 결국 …으로 되다

finish up하게 되면 끝으로 어떤 장소에 이르거나 어떤 상태에 놓이는 것을 뜻한다. 또한 finish up 다음에 음식명사가 오면 음식을 다 먹어치우다라는 의미.

finish up in[with~] …(장소, 상태)에 이르게 되다
finish up+음식 …을 다먹다
finish up ~ing …하는 걸 끝내다

Finish up and we'll go out to eat. 끝내고 우리 외식하러가자.
Did you finish up the work you were doing? 하던 일 끝냈어?

▶ end up with[~ing] 결국 …으로 끝나다

end up은 finish up의 형태와 마찬가지로 끝내긴 끝났는데 어떤 상태로 끝났는지 말할 때 사용하면 요긴한 표현이다. end up ~ing의 형태가 가장 많이 쓰인다.

end up in[with~] …상태로 끝나다
end up ~ing 결국 …하게 되다
end up as …로 끝나다
end up like …처럼 끝나다

I ended up getting married and having kids.
결혼도 하고 아이들도 낳게 됐어.
You're not going to end up alone. 년 결국 외롭게 끝나지 않을거야.

▶ bring[put] an end to …을 끝내다

end가 명사로 쓰인 경우. bring[put] an end to~하면 end(마침, 끝)를 …에 가져 오거나 놓는다는 의미로 결국 「…을 끝내다」,「 그만두다」라는 표현이 된다.

I will just put an end to it! 난 그만둘거야!
Why don't we put an end to this right now? 지금 당장 그만두자.

▸ at the end of …의 끝에

친숙한 숙어로 「…의 끝에」라는 뜻. 특히 at the end of the day는 마침내라는 뜻도 있지만 곰곰이 생각해본 후에 가장 중요하다고 판단되는 것을 말한다는 의미도 있으니 주의해야 한다.

at the end of the month 이달 말에
at the end of the day 마침내

I finally got home at the end of the day! 마침내 일을 마치고 집에 돌아왔다!
She is sitting at the end of the table. 걘 테이블 끝에 앉아 있어.

▸ in the end 결국

역시 잘 알려진 기초표현으로 어느 정도 시간이 흐른 후에라는 뜻으로 「결국」,「마침내」라는 의미로 쓰인다.

It will work out in the end. 결국엔 잘 될거야.
In the end, I didn't leave for New York. 결국 난 뉴욕으로 떠나지 않았어.

03 show
보여주다

● **show sb the way** …에게 길[방법]을 알려주다

정보나 방법 등을 알려준다는 의미의 show로 show sb the way to+동사하게 되면 「…하는 길을 알려주거나 혹은 …하는 방법을 …에게 알려주다」라는 뜻이 된다.

show sth by[as] sth …을 …에 의해[로] 보여주다
be shown by[as] …에 의해[로] 보여지다

Let me show you another way. 다른 길을 알려줄게요.
Please show me the way. 길을 안내해줘요.
I'll show the way. 길 안내해드릴게요.

● **show sb how to~** …에게 …하는 법을 알려주다

앞의 표현과 유사한 것으로 show sb how~의 형태로 …에게 어떻게 하는 건지 알려주다라는 뜻으로 how 다음에는 how to+동사 혹은 how S+V의 형태를 쓰면 된다.

show sb how to~ …에게 …법을 알려주다
show sb how S+V …에게 …것을 알려주다

Can you show me how to go there? 거기 가는 방법 좀 알려줄래요?
Please show me how to play the game. 게임 방법 좀 가르쳐 줘.
Show me how it works. 어떻게 작동되는 건지 직접 보여줘.

● **The study shows that~** 연구에 의하면 …이다

독해에서도 많이 쓰이는 구문으로 「…임을 증명하다」(prove), 「입증하다」, 「나타내다」라는 뜻의 표현이다. 주로 사물주어가 나올 경우가 많다.

show (sth) that S+V …라고 입증하다
be shown to do …하는 것으로 입증되다
show sth[sb] to be~ …임을 증명하다
It goes to show that~ …임을 증명하다
as shown by[in] …에서 입증되었듯이

It goes to show just how attractive you are.
네가 얼마나 매력적인지 보여주는 거야.

▸ show an interest in …에 관심을 드러내다

이번에는 show의 목적어로 주로 관심(interest), 감정(emotions), 감사(appreciation) 등 개인의 관심사나 감정을 나타낼 때 사용하는 표현이다.

show one's emotions 감정을 드러내다
show an interest in …에 대한 관심을 나타내다

Sandy showed her true colors when she got angry.
샌디는 화를 낼 때 본색을 드러냈어.

▸ show sb around 구경시켜주다, 관광시켜주다

around 다음에 주로 집, 사무실, 시내관광지, 쇼핑몰 등 상대방이 흥미를 느끼고 유익할 것 같다고 생각되는 곳을 같이 둘러보면서 구경시켜준다는 의미.

show sb around+장소명사 …을 구경시켜주다

I'm going to show him around town. 내가 걔 시내구경시켜 줄거야.
Let me show you around. 내가 구경시켜 줄게요.

▸ show off 자랑하다(boast)

주로 목적어없이 그냥 show off하면 「으스대다」라는 의미로 부정적인 의미로 쓰인다. 또한 show off sth 혹은 show sth off하게 되면 「뭔가 자부심을 느껴 자랑하다」가 되고 만약 사물이 주어인 경우에는 「…을 돋보이게 하다」라는 뜻이 된다.

show off 자랑하다
show sth off …을 자랑하다
사물주어+show sth off 돋보이게 하다

He wanted to show off his new girlfriend, Alma.
걘 새로운 여친인 앨머를 자랑하고 싶어했어.

 **03** show

▶ **show up** (회의, 모임 등에) 모습을 드러내다(turn up)

약속장소나 회의시간에 사람들이 기다리는 장소에 나타나는 것, 즉 도착하거나 오는 것을 말한다. 구어체로 어렵게 나타나다라는 우리말로 생각하지 말고 그냥 오다 정도로 생각하면 된다. 더 구어체에서는 up을 빼고 그냥 show라고만 해도 된다.

show up for~ …에 나타나다, 오다
no show (약속장소에) 나타나지 않은 사람

What time do you think you will show up? 몇 시에 올 수 있어?
She never showed up again. 걘 다시는 나타나지 않았어.

04/05 save/spend
절약하다, 저축하다/소비하다

- **save one's life** 생명을 구하다

글자그대로 죽어가는 목숨을 심폐소생술로 구해주거나 혹은 어렵고 곤란한 처지에 있는 사람을 도와준다는 의미를 갖는 표현. 목숨이 아니라 체면을 구해줬다고 할 때는 save (one's) face라고 하면 된다.

save sb from sth ···로부터 ···를 구하다
save (one's) face 체면을 살리다

You saved my life. (어려운 상황에서 도와준 상대방에게) 덕분에 살았어
Thank you so much, Kate. You saved my life.
정말 고마워, 케이트. 너 때문에 살았어.
You want me to save your life? 나보고 네 목숨을 구해달라는 거야?
There was no way to save face after I made the mistake.
실수한 후에 체면을 살릴 길이 없었어.

- **save (about)+돈** ···을 저축하다(save enough to+동사, save for)

나중에 멋진 자동차를 뽑거나 컴퓨터를 사거나 하려고 은행 등에 돈을 저축하다라는 표현으로 저축하는 목표를 말할 때는 save 다음에 to+동사나 아니면 save (up) 다음에 for+명사 형태로 적어주면 된다.

save to+동사 ···하려고 저축하다
save enough to~ ···할 정도의 충분한 돈을 저축하다
save up (for) (···을) 사려고[대비해] 저축하다

I'm saving for a notebook computer. 노트북 컴퓨터 살려고 저축해.
She wants to save enough to buy a car. 걘 차살 돈을 충분히 모으길 바래.

- **save sb sth(sth for sb)** ···에 쓰려고 비축하다, 남겨두다

역시 나중에 쓰려고 아끼고 비축하는 것을 말하는 표현으로 이번에는 돈뿐만아니라 에너지, 음식물 및 시간 등 다양한 명사가 올 수 있다.

save sb sth ···에게 ···을 남겨두다
save sth for sth ···을 위해 ···을 남겨두다
save (sb) time (···의) 시간을 아껴주다

Hey, save us some pizza. 야, 우리 먹을 피자 좀 남겨놔.
I'll save you a parking spot. 네가 주차할 공간 남겨놓을게.

04/05 save/spend

I'll **save you** a seat. 자리 맡아놓을게.
Yeah, **save it for** the cab, okay? 그래, 택시에서 얘기하자, 알았지?
That's okay. You can **save it for** later. 좋아. 나중을 위해서 남겨놔.
I'm going to **save you** some time. 너 시간 좀 아껴줄게.
I will **save you** a lot of time and energy.
네가 많은 시간과 에너지를 아끼도록 해줄게.

▶ **save sb ~ing** …가 …하지 못하게 하다, …하는 것을 덜어주다

save가 구해주고 아껴준다는 의미에서 상대방이 어떤 수고나 불편함을 덜어준다는 의미로도 쓰인다. 특히 save sb the trouble[bother] ~ing의 형태로 많이 쓰이는데 이는 「…가 …하는 번거로움을 덜어준다」는 의미이다.

save sb ~ing …가 …하지 않아도 되게 하다
save oneself 자기 몸을 아끼다, 수고를 아끼다
save (sb) the trouble of ~ing (…가) …할 수고를 면하게 하다

Honey, let me **save you** the trouble. 자기야, 네 수고 덜어줄게.
I'm just trying to **save you from** wast**ing** your time.
네가 시간 낭비하는 걸 덜어주려는거야.

▶ **spend money** 돈을 쓰다

spend의 가장 기본적 의미는 consumer(소비자)의 주된 사명인 돈을 쓰다라는 뜻이다. 돈을 목적어로 받고 돈의 사용처는 for[on]+명사 혹은 ~ing의 형태로 써주면 된다.

spend money on [for] sb[sth] …에 돈을 쓰다
spend money ~ing …하는데 돈을 쓰다

You shouldn't **spend so much money**. 그렇게 돈을 많이 쓰면 안돼.
How did you **spend so much money**? 어떻게 그렇게 많은 돈을 썼어?
Stop **spending my money**! 내 돈 그만 써!
I can't believe you're going to **spend 250 dollars on** the lottery!
로또에 250 달러를 쓰다니!

▶ spend+시간명사+~ing ···하는데 시간을 보내다

spend의 목적어가 돈이 아니라 life나 time 등의 시간명사가 오는 경우로 세월이나 시간을 「···하면서 보낸다」고 할 때 사용하는 표현이다.

spend+시간명사 ~ing ···하는데 시간을 보내다
spend time on sth ···에 시간을 보내다
spend (much) time with[together] ···와[함께] 시간을 보내다
spend one's life with[together] ···와[함께] 일생을 보내다

I will spend the rest of my life trying to make you feel better.
남은 평생 함께 하면서 널 기분 좋게 할거야.
I want to spend my life with you. 난 너와 인생을 함께 하고 싶어.
I want to spend more time with my family.
가족과 함께 시간을 보내고 싶어.

▶ spend the day[night] with[together] ···와[함께] 하루[밤]를 보내다

앞의 경우와 마찬가지이지만 이번에는 day, night 혹은 Christmas Day, New Year's Day 등 특정명사가 spend의 목적어로 오는 경우이다.

spend Christmas with[together] ···와 크리스마스를 보내다
spend the night with sb ···와 밤새 잠자리하다, 하룻밤 묵다

I want to spend the night with Becky. 난 베키와 하루밤을 보내고 싶어.
Why don't you spend Christmas with me? 크리스마스 함께 보내자.
I would love to spend New Year's with you. 너랑 새해를 보내고 싶어.
I had to spend all day clearing our stuff.
하루 종일 물건 치우는데 소비해야 했어.

06/07 drop/catch
떨어지다, 떨어트리다/ 붙잡다

- **drop a line[note]** 짧은 편지를 쓰다, 짧은 소식을 전하다

    line이나 note에서도 느낄 수 있고 또한 send 대신 drop을 쓴데서 알 수 있듯이 정식 편지가 아니라 간단히 몇 자 적어서 보내는 것을 뜻한다.

    drop sb a line when~ …하면 몇 자 적어보내다
    drop (sb) a line [note] to+동사 …하기 위해 몇자 적어보내다

    Drop me a line. 나한테 편지[이멜] 좀 써.
    I'll drop you a line. 편지할게.

- **drop by** (아는 사람을 불시에) 방문하다, 들르다

    drop by하면 약속시간을 정하지 않고 들르는 것. 역시 가벼운 터치의 drop을 써서 잠깐 부담없이 들르는(make a short visit) 것을 말한다.

    drop by for sth …로 잠깐 들르다
    drop by for~ 잠깐 들러서 …하다
    drop in (on sb) 잠깐 들르다

    Drop by for a drink (sometime). 언제 한 번 들러, 놀러와라.
    Drop in sometime. 근처에 오면 한 번 들러.

- **drop off** 내리다, 내려주다

    drop off하면 차로 다른 목적지로 가는 도중에 데려간 사람을 중간에 내려주거나 물건을 갖다주는 것을 말한다.

    drop sb[sth] off 차로 데려가 내려주다
    drop sb at[in] …에서 내려주다
    drop sb off on one's way home 집에 가는 길에 내려주다

    I'll drop you off at your house tonight. 오늘밤에 집에 내려주고 갈게.
    Why don't you just drop me off, and you can come back.
    날 내려주고 넌 다시 돌아와라.

▶ drop out 탈락하다, (학교)그만두다

학교나 회사 등 단체생활에서 이탈하는 것을 말하는데 특히 학교를 끝까지 이수하지 않고 중퇴하는 것을 말할 때 많이 사용된다.

drop out of college 대학을 중퇴하다
dropout 중퇴자

The best thing for me to do is to drop out of college and get a job. 내게 최선의 방법은 학교를 그만두고 취직하는거야.

▶ catch a cold 감기에 걸리다

떨어지는 drop과는 정반대의 동사로 기본적 의미는 뭔가 사물이나 사람을 붙잡는 것을 뜻한다. 특히 catch 다음에 병명이 오면 병에 걸렸다는 의미.

catch malaria 말라리아에 걸리다
catch+병명+from~ …로부터 병에 걸리다

I think I'm catching a cold. Achoo! 감기가 올려나봐, 에취!

▶ catch sb ~ing …가 …하는 것을 잡다

상대방이 모르는 상태에서 상대방이 뭔가 하고 있는 것을 본다는 것으로 상대방의 입장에서는 들켰다라는 뜻이 된다. 특히 catch sb in the act는 뭔가 못된 짓을 하다 들켰을 때 사용하는 표현이다.

catch sb ~ing …가 …하는 것을 몰래 보다
catch sb in the act (of ~ing) …짓하는 걸 보다

You caught me. 들켰다.
You caught me doing it with Tammy. What's the big deal?
내가 태미와 그거하는거 들켰는데 그게 뭐 대수야?
She caught me in bed with Jill. 내가 질과 침대에 있는 걸 걔한테 들켰어.

06/07 drop/catch

▶ be[get] caught in …을 만나다, …에 잡히다

이번에는 수동태형으로 be[get] caught in하게 되면 in 이하의 상태에 꼼짝달싹 못하게 잡혀있는(get stuck) 상태를 말한다. 그냥 get caught하게 되면 범죄자가 붙잡히는 것을 뜻한다.

sb be[get] caught in …에 꼼짝달싹 못하다
be[get] caught in a shower 불시에 소나기를 만나다
be[get] caught in a traffic jam 차가 막히다
get caught 붙잡히다

I got caught in a shower on my way home. 집에 오다 소나기를 만났어.
We were caught in a traffic jam. 우린 교통 혼잡에 꽉 막혔어.

▶ catch on …에 달라붙다, 걸리다, 이해하다, 유행하다

계속(on) 따라잡는다는 얘기는 인기를 끌거나 유행하고 있다는 것을 뜻하는 것으로 한 케이블 방송국의 이름이 Catch On인 것을 떠올려 봐도 된다. 또한 「…을 잘 이해하고 있다」는 것을 뜻하기도 한다.

catch on (with) 유행하다
catch on (to) 이해하다, 깨닫다

Wow, you catch on quick. 와, 너 정말 이해 빠르네.
Excellent idea! You're catching on. 좋은 생각이야! 머리 잘 돌아가네.
My house caught on fire. 우리 집에 불이 번졌어.

▶ catch up with …을 따라잡다

바짝(up) 따라간다는 의미에서 앞서가는 사람이나 차 혹은 「밀린 일이나 부족한 것을 해서 따라잡는다」는 뜻의 표현. 문맥에 따라 「나중에 얘기하는」 것일 수도 있고 또한 「체포하다」라는 뜻으로도 쓰이니 다양한 용법을 이해해두어야 한다.

catch up with~ (밀린 일, 앞서가는 사람) 따라잡다, 나중에 얘기하다
catch up with sb 체포하다, 영향을 주다

I'll catch up with you in the gym. 체육관에서 보자.
Catch up with you later! 나중에 보자!

08/09 worry/care
걱정하다/좋아하다, 걱정하다

● worry about …을 걱정하다

우리말 걱정하다라는 말에 가장 적합한 표현으로 worry about 다음에 걱정하는 사람이나 사물을 넣으면 된다. 물론 worry that~의 형태로 걱정하는 내용을 문장으로 붙여도 된다.

worry about sth[sb] …을 걱정하다
worry that S+V …을 걱정하다

You worry about me too much. 넌 내 걱정을 너무 많이 해.
She worries about everything. 걘 걱정 안 하는게 없어.
You don't have to worry about a thing. 하나도 걱정할 필요없어.

● be worried about[that~] …에 대해 걱정하다

앞에서는 worry가 자동사였지만 이번에는 타동사로 상대방을 걱정하게 한다는 뜻으로도 쓰인다. 이를 수동태로 be worried about하게 되면 주어가 「…을 걱정한다」는 뜻이 된다.

be worried about sth[sb] …을 걱정하다
be worried that S+V …을 걱정하다

You're so worried about me. 넌 날 너무 걱정해.
We're worried about getting sued. 소송당할까봐 걱정야.
I'm so worried that I might fail the exam. 시험에 떨어질까 걱정야.

● Don't worry (about) (…을) 걱정마

앞의 worry about과 같은 표현이지만 Don't worry~는 구어체에서 아주 많이 쓰이는 형태이므로 따로 정리하기로 한다.

Not to worry 걱정안해도 돼
Don't worry about sth[sb] …을 걱정하지마
Don't worry if S+V …을 걱정안해도 돼

Don't worry, you can count on me. 걱정마. 나만 믿어.
Don't worry about a thing. 전혀 걱정하지 마세요.
Don't worry. It's our treat. 걱정마. 우리가 낼게.
Not to worry, she's fine. 걱정마, 걘 괜찮을거야.

08/09 worry/care

▶ care about …을 걱정하다, 근심하다

care는 중요하기 때문에, 혹은 좋아하기 때문에 관심도 갖고 신경쓰고 걱정을 한다는 뜻의 동사로 care about, care what~ 등의 형태로 쓰인다.

care about sb 좋아해 관심을 갖다
care what[how~]~ …을 신경쓰다
care about sth 중요하기 때문에 관심을 갖고 걱정하다

I can see how much you care about Becky.
네가 얼마나 베키를 생각하는지 알겠어.
You still care about me. 너 아직 나 생각하는구나.

▶ care for (긍정) 돌보다, (부정/의문) …을 좋아하다, 원하다

care for는 언뜻 복잡해보이기도 하지만 care for sb[sth]가 「돌보다」라는 뜻외에는 care for sb의 경우 긍정이든 부정문이든 의문이든 「좋아하다」, 「원하다」라고 해석하면 된다.

care for sb[sth] 돌보다, 좋아하다
not care for sb[sth] …을 좋아하지 않다
not care to+동사 …하고 싶어하지 않다
Would you care for~? …을 좋아하세요?
Would you care to~? …할래요?

(Would you) Care for some coffee? 커피 드릴까요?
I don't care for his style. 난 걔 스타일이 마음에 안 들어.
Would you care to join us? 우리랑 같이 할래요?

▶ I don't care about~ 난 …가 상관없어

care about를 활용한 다양한 표현들로 I don't care about~/I don't care if[what]~ 혹은 의문문 형태로 Would you care if~? 등을 익혀두기로 한다.

I don't care about~ …가 상관없다
I don't care what [if~] …이든 아니든 상관없어
Would[Do] you care if~ …해도 돼?

I don't care about any of that! 아무런 상관없어!
I don't care if she's fat or thin. 난 걔가 뚱뚱하든 날씬하든 상관안해.
I don't care who he sleeps with. 걔가 누구랑 자는지 관심없어.
Do you care if I join you? 내가 껴도 돼요?

▶ couldn't careless [if]~ (…에) 전혀 관심없다

직역을 해보면 바로 의미를 캐치할 수 있다. 이보다 더 적게(less) 신경을(care) 쓸 수 없다(couldn't)라는 말로 다시 말하자면 조금도 신경 안쓴다라는 뜻이 된다. 신경 안쓰는 건 about 혹은 what[if] 다음에 서술하면 된다.

couldn't careless about~ …에 전혀 개의치 않다
couldn't careless what[if]~ …을 전혀 상관하지 않다

I couldn't careless. 알게 뭐람.
I couldn't careless if she comes or not. 걔가 오든 말든 난 상관없어.

▶ Who cares about[what~]~? …을 누가 신경이나 쓰나?

반어적 표현으로 부정적 단어는 들어있지 않지만 내용상 부정적으로 아무도 신경도 쓰지 않는다라는 뜻의 표현이다.

Who cares! 누가 신경이나 쓴대!
~ for all I care [know] …하든 말든 난 상관없다

Who cares what they think? 걔네들 생각에 대해 누가 신경이나 쓰나?
Who cares! 누가 신경이나 쓴대!

▶ take care of …를 돌보다, …을 처리하다

care가 명사로 사용된 경우로 take care of 다음에 사람이 나오면 「돌보다」, 그리고 e-mail 등이 나오면 그 일을 「처리하다」라는 뜻으로 쓰인다.

take care 조심하다, (인사) 건강히 잘 지내
take care of 돌보다, 처리하다, (비용) 계산하다

Let me take care of it. 나한테 맡겨.
Let me take care of the bill. 내가 계산할게.
I'll take care of your son while you're out. 너 외출할 때 네 아들 봐줄게.

10/11 plan/prepare
계획을 세우다/준비하다

▶ **plan to do** …할 작정이다(plan on ~ing)

plan이 치밀한 계획을 세우다라는 뜻도 있지만 일상생활에서는 plan to+동사/on ~ing의 형태로 단순히 앞으로 어떻게 할 예정이나 의도를 말할 때 많이 쓰인다. 이때는 will이나 be going to의 대용품으로 봐도 된다.

plan to+동사 …할 계획이다
plan on ~ing …할 계획이다
plan out 면밀히 계획하다

I **plan to** stay for a week. 일주일간 머물거야.
I thought you **had** this all **planned out**.
난 네가 이걸 다 면밀히 계획한 줄 알았어.

▶ **as planned** 계획대로

세상일이 다 이렇게 되면 얼마나 좋을까…. as planned는 원래 처음에 계획한대로라는 의미로 go의 과거형을 써서 went as planned하면 「계획대로 되었다」라는 뜻이 된다.

as planned 계획대로
go as planned 계획대로 되다

If all goes **as planned**, I will not be here anymore.
모든게 계획대로 되면 난 더 이상 여기 없을거야.

▶ **make a plan** 계획을 세우다

단어 그대로 보고 이해할 수 있는 표현으로 make a plan[plans] for[to~]하면 「…할 계획을 세우다」, 「…할 준비를 하다」라는 뜻이 된다.

work out a plan for 계획을 세우다
make a plan [plans] for …의 계획[준비]을 하다

I**'ve** already **made other plans**. 난 이미 다른 계획이 있어.
I wish I could, but I**'ve made plans to** walk around.
나도 그러고 싶은데 산책할 계획이라서 말이야.

● have a plan 계획이 있다

계획을 세웠으면 계획이 있기 마련. have [got] a plan for~하면 「…에 대한 계획이나 일정이 있다」는 말로 부정형은 not have a plan, 강조하려면 not have any plan이라고 하면 된다.

have a plan for 계획이 있다
not have any plan for 아무런 계획이 없다

Do you have any plans? 무슨 계획있어?
Do you have any plans for summer vacation? 여름 휴가계획 있어?
I've got plans. 계획이 있어.
No, you were right. I don't have a plan.
아냐, 네 말이 맞아. 난 아무런 계획도 없어.

● be against[for] the plan 그 계획에 반대[찬성]야

뭔가 찬성할 때는 for, 반대할 때는 against라는 것은 잘 알려진 사실. 이를 이용하여 계획에 찬성한다고 할 때는 be for the plan, 반대한다고 할 때는 be against the plan이라고 하면 된다.

be for the plan 그 계획에 찬성이다
be against the plan 그 계획에 반대이다

I'm against the plan. 전 그 계획에 반대합니다.

● ~plan is to~ …의 계획은 …하는 거야

계획의 구체적인 내용을 말할 때 쓰는 표현으로 Our[My] plan is to+동사의 형태로 사용하면 된다.

Our plan is to leave in ten minutes. 계획은 10분 안에 떠나는거야.
Her plan is to hook you up with her sister.
걔의 계획은 자기 동생과 널 엮어줄려는거야.

10/11 plan/prepare

▶ prepare (sb) for (…에게) …을 준비하다

앞으로의 일을 계획하고 일정을 준비한다는 의미로 prepare for sth 혹은 prepare to+ 동사의 형태로 쓰면 된다.

prepare (sb) for sth …을 준비하다
prepare to~ …할 준비를 하다

I've been preparing for that my entire life! 평생 이걸 준비해왔어!
I want you to prepare to go to the party. 너 파티갈 준비를 해라.

▶ prepare sth (for) …을 준비하다

something을 사용할 수 있도록 준비해놓는다는 뜻으로 그 용도는 for 이하에 쓸 수도 있는데 이 때는 사람이나 사물이 올 수 있다.

prepare sth for~ …을 위해 …을 준비하다

I tried my best to prepare this meal for you.
널 위해 이 음식을 준비하는데 최선을 다 했어.

▶ have sth prepared …을 준비하게 하다

사역동사인 have를 써서 have sth pp의 형태를 이용한 표현. 이같은 표현을 쓰는 이유는 prepare의 주체가 주어가 아니라 제 3자가 실제적으로 준비하는 것이기 때문이다.

How would you like your steak prepared? 고기를 어떻게 해드릴까요?
Did he have a speech prepared? 걔 연설 준비했어?

▶ be prepared to[for] …에 준비되다

이번에는 수동태형으로 be prepared to+동사/for+명사하게 되면 「…할 준비가 되어 있다」고 말할 때 사용되는 표현이다.

I am prepared to let that go. 그걸 잊어버릴 준비가 됐어.
It's fine. I'm prepared for this. 좋아. 난 준비됐어.

12-15 apologize/ excuse/ thank/ appreciate

사과하다/변명하다, 용서하다/고마워하다/감사하다

● apologize to sb (for ~) …에게 (…을) 사과하다

apologize는 저지른 「잘못에 대해 사과한다」는 동사로 사과를 하는 대상은 to sb로, 사과해야 하는 짓은 for sth 혹은 for ~ing로 적어주면 된다. 경우에 따라 그냥 apologize만 쓸 수도 있고 to sb만 혹은 to sb for~를 다 쓸 수도 있다.

apologize for sth [~ing] …을 사과하다
apologize to sb …에게 사과하다
apologize to sb for~ …에게 …에 대해 사과하다

I came to apologize to you. 네게 사과하러 왔어.
I apologize for that. 그거 사과할게요.
I just want to apologize for that. 그것에 대해 사과할게요.

● accept apologies 사과를 받아들이다

apologize란 단어를 써가면서 사과를 하면 웬만해서 받아주는게 인지상정. 이때 상대방의 사과를 받아준다고 할 때는 apologize의 복수명사형인 apologies를 써서 accept one's apologies라고 하면 된다.

accept one's apologies 사과를 받아들이다
accept one's sincere apologies 진지한 사과를 받아들이다

Please accept my apologies. 사과를 받아 주십시오.
Will you accept my apologies? 내 사과를 받아줄래요?

● excuse sb for~ …에 대해 …을 용서하다

excuse는 또한 forgive처럼 용서하다란 용법으로도 쓰이는데 이때는 무례함이나 부주의 등 심각한 죄가 아닌 경우에 사용한다.

excuse sb …을 용서하다
excuse sb for sth [~ing] …에 대해 …을 용서하다

Please excuse me for being late. 늦어서 미안해.
Excuse me for being so selfish. 너무 이기적이어서 미안해.

12-15 apology/excuse/thank/appreciate

▶ excuse sb …를 양해하다

좀 낯설기는 하지만 실제 회화에서 같이 있다 자리를 잠시 비울 때 혹은 상대방에게 자리를 비켜달라고 할 때 매우 긴요하게 써먹을 수 있는 표현이다.

excuse sb …를 비켜주다
excuse sb from sth[~ing] …가 …하는 것을 면해주다
be excused from ~ing …에서 잠깐 자리 비우다, …을 하지 않다
sb be excused …가 자리를 비워도 된다, 가도 된다
if you'll excuse me 양해를 해주신다면, (자리를 뜨면서) 괜찮다면

May I be excused for a moment? 잠깐 자리를 비워도 될까요?
Could you excuse us for a second? 자리 좀 비켜줄래요?
You're excused now. 이제 가봐도 좋다.
If you'll excuse me, I'm going to go back to the office.
괜찮다면 사무실로 돌아갈게요.

▶ make an[one's] excuse for …에 대한 이유를 대다

make an excuse[excuses] for~하면 「…에 대한 변명을 하다」라는 뜻이 된다. for 다음에는 sth이나 ~ing를 써서 변명하게 된 행위를 적으면 된다.

make an excuse for sth[~ing] …에 대한 이유를 대다
have an excuse for sth[~ing] …에 대한 핑계를 대다
find[look for] an excuse for sth [~ing] …할 구실을 찾다

Jamie made an excuse for being late.
제이미는 늦은 거에 대해 변명거리를 댔어.

▶ have no excuse …에 대해 변명할 말이 없다

이젠 반대로 변명거리가 없다라고 할 때 쓰는 표현으로 have no excuse for~하면 「…에 대한 변명거리가 없다」, 또한 There's no excuse for~하면 한 짓이 넘 못돼서 그런 이유로는 이해할 수 없다고 할 때 사용한다.

run out of excuses 변명거리가 다 떨어지다
have no excuse for~ …에 대해 변명의 여지가 없다
There is no excuse for~ …에 대한 이유가 안된다

I just ran out of excuses. 이젠 변명거리도 다 떨어졌어요.
I have no excuse for not coming home yesterday.
어제 외박한 거 변명할 말이 없어.

say thank you (to sb) (…에게) 감사하다고 말하다

'thank you'를 명사화하여 say thank you하면 감사하다는 말을 하다, 그리고 다음에 to sb를 붙이면 「…에게 감사하다고 말하다」라는 뜻이 되며, not know how to thank you하면 너무 고마워서 어떻게 감사해야 할 줄 모르겠다는 표현이다.

say thank you to~ …에게 감사하다고 말하다
not know how to thank you 너무 감사하다

I just wanted to say thank you. 감사하다고 말하고 싶었어.
I just stopped by to say thank you. 감사하다고 말하려고 들렸어.

appreciate it[that, that] …가 고마워

thank보다 좀 더 공손하고 점잖게 감사하다고 말할 때 사용되는 단어로 appreciate 다음에 구체적인 명사(support, help)를 써도 되고 목적어가 고마운 행위가 아니라 고마운 행위를 해준 사람을 말하려면 appreciate sb ~ing의 형태로 사용하면 된다.

I appreciate it[this, that] 그거 고마워
I appreciate this, but ~ 이거 고맙지만…

I really appreciate this. 정말 고마워.
This is great. I really appreciate it. 대단해. 정말 고마워.
I appreciate you giving me a hand. 도와줘서 고마워.

I'd appreciate it if you~ …해주면 고맙겠어

편지나 이멜의 결구로 많이 알려진 표현으로 가정법이 사용된 표현. I would가 사용되었고 그래서 if 다음에 동사는 would[could]+동사 혹은 과거형을 써야 한다. 감사표현이라기 보다는 부탁하는 표현에 가깝다.

I would really appreciate it if you didn't tell Dad about this.
아빠에게 그 얘기 안 했으면 정말 고맙겠어.

16-18 lend/borrow/owe
빌리다/빌려주다/신세지다

▶ lend sb sth …에게 …을 빌려주다

개인이나 기관이 「…에게 빌려주다」라는 말로 borrow와 반대되는 동사이다. 주의할 점은 빌려주는 것은 돈뿐만이 아니라 책이나 의자나 다른 것이 될 수도 있다는 점이다.

lend sb sth …에게 …을 빌려주다
lend sth to sb …에게 …을 빌려주다

If you want, I can lend you some money. 원한다면 돈 빌려줄 수 있어.
Lending friends money is always a mistake.
친구에게 돈을 빌려주는 건 항상 실수야.
Could you lend me forty bucks? 나한테 40달러 빌려줄 수 있어?

▶ lend a hand 도움을 빌려주다

lend는 빌려준다는 의미에서 도움 등을 상대방에게 주거나 「제공한다」는 의미 또한 갖는데 lend a hand 뿐만 아니라 lend one's support도 함께 알아둔다.

lend a hand with~ …하는데 도와주다
lend (one's) support to …에게 도와주다

Can you lend me a hand? 나 좀 도와줄래?
She asked me if I could lend a hand. 걘 내가 도와줄 수 있는지 물어봤어.

▶ borrow sth from sb …에게서 …을 빌리다

lend와는 정반대의 동사로 남에게서 「…을 빌리다」라는 뜻으로 역시 빌리는 것은 돈뿐만 아니라 다양한 명사가 올 수 있다. 또한 lend와 달리 borrow는 borrow sb sth의 형태로는 쓰이지 않는다.

borrow sth from sb …에게서 빌리다
borrow sth from~ …에서 (어휘 등) 차용하다

I need to borrow some money. 돈 좀 빌려야겠어.
I'll never borrow a dress from you again.
다신 절대로 네게서 옷을 빌리지 않을게.

- **owe sb+(money)** …에게 …만큼의 빚을 지다

어떤 물건이나 서비스를 받고 나서 그에 대한 값을 지불하다 혹은 「…에게 …만큼의 돈을 빚지고 있다」고 말할 때 쓰는 표현이다.

owe sb money …에게 …의 돈을 빚지고 있다
owe sb for sth …에게 …의 신세를 지고 있다
owe sth to sb …에게 …의 빚을 지고 있다

How much do I owe you? 내가 얼마를 내면 되지?
Now, you owe me fifteen bucks. 이제 내게 15달러 빚졌어.

- **owe sb sth** …에게 …만큼의 빚을 지다

이번에는 구체적으로 물건을 사거나 돈을 빌리지는 않았지만 상대방이 베푼 호의나 도움 등으로 신세를 지고 있다는 의미로 쓰일 때는 sth에는 신세진 내용을 쓰면 된다.

owe sb sth …에게 …의 신세를 지고 있다

You didn't owe me anything. 넌 내게 빚진게 없어.

- **I owe you one** 신세가 많구나

앞의 표현인 owe sb sth 형태에 속하는 것으로 관용적으로 아주 많이 사용되는 표현이다. I owe you one으로 굳어진 형태로 사용된다.

owe sb big time …에게 신세를 많이 지다
owe sb a lot 신세를 많이 지다
owe sb a great deal …에게 신세를 많이 지다

It was a great idea. I really owe you one.
좋은 생각이었어. 네게 정말 신세졌어.
Thanks for coming over. I owe you one. 와줘서 고마워. 신세 많이졌어.
You guys owe me big time. 너희들 내게 신세 많이 졌어.
She says you owe her big time. 걔가 네가 자기한테 신세 많이 졌다고 하더라.

16-18 lend/borrow/owe

● owe sb an apology …에게 사과해야 된다

역시 owe sb sth의 구문에 속하는 것. 하지만 이번에는 sth자리에 특정명사, 즉 apology, explanation, truth 등이 와서 사과, 설명, 진실을 빚졌다는 말이다. 다시 말하자면 아직 못한 사과, 설명, 진실 등을 말하겠다는 뜻이다.

You owe me an apology. 너 나한테 사과해야 돼.
I owe you an apology. 네게 사과해야 돼.
Do I owe her an apology? 내가 걔한테 사과해야 하는거야?

● owe it to sb (to do) …의 덕택이다, …하는 것이 …에 대한 의무이다

'그의 용감함 덕분에 살았다'라는 뜻의 owe my life to his bravery, '걔가 생명의 은인이다'가 owe my life to her로 쓰이듯 「…에(게) …을 신세지고 있다」는 표현은 owe it to~의 형태로 많이 쓰인다.

owe sth to sb[sth] …은 …의 덕택이다
owe it all to sb 다 …의 덕택이다
owe everything to~ 모든게 다 …의 덕택이다
owe it to sb to+동사 …하는 것은 …의 덕택이다
owe it to oneself to+동사 …할 의무가 있다

I owe it to my colleagues. 동료들 덕이에요.
I felt like I owed it to him. 이거 걔 덕택인 것 같아.

19-21 ruin/risk/hurt
망치다/위험을 무릅쓰다/아프게하다

▶ ruin sth ~ …을 망치다

ruin은 파멸시키다의 의미로 좀 끔찍한 경우에 쓰는 동사로 알고 있지만 의외로 실생활에서 저녁시간을 망치거나, 주말을 망치거나 등의 경우에 자주 쓰인다. 그냥 단순히 ruin it이라는 어구로도 많이 쓰인다.

ruin something …을 망치다
ruin one's weekend …의 주말을 망치다
ruin one's life 인생을 망치다
ruin one's party 파티를 망치다
ruin it 그걸 망치다

You've ruined it! 네가 망쳤어!
You ruined everything. 네가 다 망쳤어.
I hate you! You ruined my life! 네가 싫어! 네가 내 인생을 망쳐놨어!
You ruined my weekend with Julie. 네가 줄리와의 주말을 망쳤어.

▶ be[get] ruined 망치다

ruin이 수동태로 쓰인 경우. 주어에 망친 것들이 나오고 다음에 be ruined 혹은 get ruined를 사용하면 된다.

So nothing got ruined? 그래 아무것도 망치지 않았어?
Everything's ruined. 모든게 망쳤어.

▶ risk sth …을 위태롭게 하다

risk는 거의 우리말화된 단어로 risk something하면 「…을 위태롭게 하다」라는 뜻이 되며 또한 risk sb ~ing하게 되면 「…가 …하는 위험을 하다」라는 뜻이 된다.

risk sth …을 위태롭게 하다
risk sth ~ing[to+동사] …의 위험 감수하며 …을 하다
risk sb ~ing …가 …하는 위험을 하게 하다

I can't believe I'm risking this again. 내가 다시 이걸 위험하게 하다니.
What's the big deal? Let's risk it. 뭐가 그리 대수야? 한번 해보는 거지.

19-21 ruin/risk/hurt

▶ risk ~ing 감히 …하다

risk는 위험을 무릅쓰다라는 뜻에서 risk ~ing하게 되면 「…할 위험에 빠지다」 혹은 문맥에 따라 안좋은 결과가 나올 걸 예상하면서도 「…을 하다」라는 의미로 쓰인다.

risk ~ing …할 위험에 빠지다, 감히 …하다

Did you risk slapping his face? 감히 걔 뺨을 때린거야?
I don't want to risk you running into Dad.
네가 아버지와 마주치는 위험에 처하게 되는 걸 원치 않아.

▶ take[run] a risk 위험을 무릅쓰다

risk가 명사로 쓰인 경우. 다양한 동사와 어울려 다양한 숙어를 만들어내는데 take 또는 run a risk하면 위험을 알면서도 무릅쓰다라는 뜻이 된다.

turn[run] a risk 위험을 무릅쓰다
take[run] the risk of ~ing …하는 위험을 무릅쓰다
be worth the risk 위험을 감수할 가치가 있다
reduce the risk of …의 위험을 감소시키다

She wouldn't be afraid of taking a little risk.
걘 조금 위험을 무릅쓰는 건 두려워하지 않을거야.

▶ (sb) hurt+신체부위 (…가) …을 다치다

hurt는 자신 또는 다른 사람을 다치거나 다치게 하는 것을 말하는 것으로 어느 특정 신체부위가 다쳤다고 말할 때는 사람주어가 「…을 다쳤다」, 혹은 사물이 「…신체 부위를 아프게 하다」 그리고 마지막으로 신체부위가 주어로 쓰이는 경우도 있다.

sb hurt+신체부위 …을 다치다
sth hurt+신체부위 … 때문에 …가 아프다
신체부위+hurt …가 아프다
get hurt 다치다(hurt oneself)
hurt like hell 엄청 아프다

My leg still hurts. 다리가 아직도 아파.
You got hurt playing golf with my dad? 우리 아빠랑 골프치다 다쳤어?

- **(sb) hurt sb** (…가) …을 아프게 하다

  이번에는 특정 신체부위를 말하지 않고 「…가 …을 아프게 한다」는 뜻으로 물리적으로 아프게 할 뿐만 아니라 정신적으로 아프게 할 때도 쓰는 표현이다. 주어 및 hurt의 목적어가 전부 사람이 나온다는게 특징이다.

  You're hurting me. 네가 날 아프게 해.
  He's not going to hurt you! 걘 널 아프게 하지 않을거야!
  Did I hurt you in some way? 어떻게 내가 당신을 아프게 했나요?
  Listen, I don't want to hurt her. 저기, 난 걜 아프게 하고 싶지 않아.

- **Sb is hurt** …가 아프다

  sb is hurt는 hurt가 수동태로 쓰여서 주어가 아프다라는 뜻이고 sb is hurting은 hurt가 자동사로 쓰인 것으로 주어가 불행한 일을 겪어 마음이 아프다라는 뜻이다.

  sb is[get] hurt 아프다, 다치다, 기분이 안좋다, 피해를 보다
  sb is hurting …가 상심이 크다, 마음이 아프다

  I know you're hurt. 네가 아프다는 거 알아.
  You're angry. You're hurting. 화도 나고. 상심도 크겠지.
  I'm not sure she's hurting. 걔가 마음이 아픈지 모르겠어.

- **It[This, That] hurts** …가 아프다

  좀 특이한 형태로 주어로 It[This, That]의 대명사가 오고 그냥 목적어없이 쓰거나 혹은 ~hurt sb의 형태로 아프거나 「…을 아프게 하다」라는 뜻으로 쓰이는 경우이다.

  It[This, That] hurt …가 아프다
  It[This, That] hurt sb …을 아프게 하다

  It hurts (like hell). 너무 아파.
  That had to hurt! 아팠겠다!
  Does it still hurt? 아직도 아파?
  It hurt her so much when he left. 그가 떠났을 때 걘 무척 상심이 컸어.

MEMO

MEMO